港埠輕鬆讀
系列

港口專題研討入門

費率｜行銷｜遊艇｜智慧港口｜離岸風電

張雅富◎著

五南圖書出版公司 印行

自序

　　港口作業對一般民眾而言，像是一個半封閉型的管理領域，不似一般企業的管理知識具有普遍性案例與豐富完整的理論架構基礎，經整理後可供業界自學訓練或校園中的教育使用，並讓大眾與學子非常易於接近及熟悉港口的運作實務。

　　但港口本身就是國際企業投資或航商貨主作業的重要海陸營運基地，也是海洋運輸與國際物流的一個重要轉運節點，由於港口所在海陸區域一般劃為管制區域，港埠相關設施又具有投入成本高、回收期長、易受國際政經情勢變化等影響，使

其在營運操作上更需要運用管理知識進行各項專題式聚焦的研討，以因應國際商港與海運相關行業的發展需要，並對未來業務多角化發展及建設規劃預爲因應。

專題研討在校園或職場是一項群體針對特殊議題或大眾關注焦點進行深入的討論方式，參與者可就相關案例、學術文獻、媒體報導等進行不同視野的沿伸開放式討論，尋找可學習及解決方案的途徑，也是港口行業新鮮人學習快速入門方法之一。

過去臺灣商港單純進行貨物的運輸倉儲與裝卸作業，港口因爲行政管理體制較無內外營運競爭壓力，使企劃及管理相對簡易可行，但隨著近年國際港口管理體制、航運物流需求改變、運輸科技應用、港市發展界面等變動，都有需要進行聚焦討論，以爲未來發展謀劃。

　　港區圍牆外的產業變遷、科技應用、管理技巧，終會影響到港口內的管理方式，國際商港也是一個各類型企業、管理功能齊全的微型社會，本書試行整理一些國內外相關議題資料，期望使更多人關心及凝聚共識，共同促進臺灣航港事業的進步。

　　「港埠輕鬆讀」系列叢書能順利出版，緣起個人在校園與職場感受到大眾對港航知識的需求，才自不量力先行一步，相信後續會有更多學者或業界先進投入，將港口管理普及知識向大眾推廣，在此也感謝五南圖書出版公司支持及王正華主編、陳美華、許子萱等同仁的協助，本系列叢書才能與大家分享。

　　本書的撰寫因限於利用公餘時間，撰寫及引用資料蒐集或仍有侷限，內容敘述或資料引用如有誤解或疏漏之處，仍敬請各界先進不吝給予個人指正、賜教。

張雅富
2018 年冬於高雄港

目錄

圖目錄

表目錄

第一章 港口功能發展

　　港口（Port、Harbor）是人群傍水而居的水陸交會處所，不論是江河或是大海洋，人群依賴船舶等浮水運具，才能將人及貨物經由碼頭水道運送至不同地點，港口也提供船舶補給及貨物裝卸、倉儲作業功能。世界著名的都會區域大多鄰近港口，如東京、紐約、上海、香港、新加坡、鹿特丹、倫敦等，港口的發展型態也依賴當地經濟產業程度有不同變化，不論是人員交通、貨物運輸、生產活動或觀光休閒，港口發展的規模及功能都是依據所在區域的社經需求而不斷變化。

1.1 港口發展世代

　　近代在海運運輸廣為使用的貨櫃運輸（Container Transportation），是在 1950 年代才開始發展，由於具備單一規格、適合不同運具之間的轉運，取代了一部分的散什貨（Bulk & General Cargo）的運送方式，讓傳統散什貨碼頭開始就位置、功能及對外運輸聯接方式進行檢討，特別是早期散什貨碼頭因船舶噸位小、為便利交運貨主，碼頭大多位於鄰近市區航道。

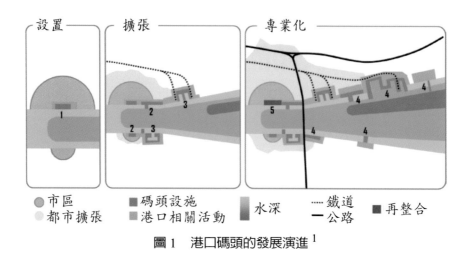

圖 1　港口碼頭的發展演進[1]

　　傳統的港口散什貨碼頭由圖 1 所示，碼頭設置位置大多考量地理便利因素，與市中心區相結合，並與市區共同發展，這在離島、河口的碼頭即可發現此一發展方式。隨著都市與港口相關產業發展的規模擴張，碼頭開始由水岸往外圍內陸擴展，以容納更大的船舶及更大的作業儲運場地，鐵路也從鄰近港區的工廠延伸進入港區，以運送更多的原物料直接到工廠使用或輸送貨物到港口裝船作業。在臺灣主要國際商港內即可以見到港區鐵路貨運支線，成串列車運送煤鐵石、水泥礦石、穀類等，在國外火車也有長途運送貨櫃列車的海鐵聯運（Sea-Rail Multirmodal Transport）之複合運輸方式。

1　The Evolution of a Port (The Anyport Model).
　　https://people.hofstra.edu/geotrans/eng/ch4en/conc4en/portdev.html

　　在工業化大量生產的模式，煉鋼、發電、煉油及加工製造專業區，就近傍著港區而設立，港口的散什貨碼頭開始往專業區劃設發展，航道要求更深、需用港區土地更大，鐵公路與碼頭廣泛聯接以輸運更多的貨物，早先傳統鄰近市中心區的碼頭就面臨使用功能轉型改造的衝擊。

　　近代港口的運輸功能也從傳統的港對港（Port to Port）作業，演變至戶對戶（Door to Door）作業，隨著網際網路興起，又往電子商務（Desk to Desk、Electronic Commerce）作業發展。

　　早期大量採購的散什貨，收貨人與運送人在卸貨港口即進行貨物交接，隨著海運以貨櫃運送的興起，更能以海鐵、海陸複合運輸方式，由船舶運送人將貨物直接送至收貨人工廠，電子商務的功能更能適應少量多批次的訂購方式，也使港區的散什貨碼頭改裝成具貨櫃碼頭功能或物流專業區；或配合都會區的商業及交通發展往外海或更遠郊區遷移，在市中心區的碼頭原址進行功能改造，除了配合都市的多功能發展外，港埠管理機構也尋求增加港口在裝卸作業外的其他業務收入來源。

　　貨櫃化（Containerization）的單一標準規格適合在不同運輸方式間轉換作業，加上貨物單位裝載的棧板化（Palletization），除原油、煤鐵、礦石等大宗貨，部分雜貨紛紛改用以貨櫃來運送，而近代貨櫃船的大型化發展更有利海運運送成本的規模經濟達成更低的營運成本，船舶大型化的發展更需要大型、自動化的作業機具，以及更深的

碼頭水深及更大的後線場地。

高雄港第一貨櫃中心

　　港口的另一種主要進出貨物為大宗原物料，工廠依據運輸成本的考量，透過管道（Pipeline）、鐵公路運送，會設立在港區內的專業區並設置專用碼頭。隨著臨港都會區的發展需要及整體社會產業發展升級，基於工安與環保、民眾親水遊憩的考慮，都要將港口整體長期發展計畫，納入未來三、四十年的規劃中。

　　港口的散什貨碼頭作業，一般分為船邊提貨與卸貨進倉，在碼頭後線另設空地及倉庫。隨著跨國企業尋求不同的生產及材料以達成最低成本，衍生在不同國家間生產及組裝後運送至目的地的供應鏈（Supply Chain Management）作業模式，港口雜貨碼頭也產生如圖2之國際物流園區（International Logistics Park）的方式。

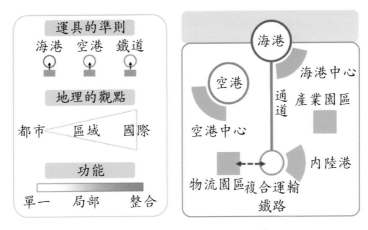

圖2 港口物流的群聚發展[2]

　　與傳統雜貨碼頭作業方式有所差異，原有貨物進口供國內市場消費或生產出口，隨著消費來源的多元化及製造組成等作業分散在不同的國家，因此近代港口碼頭後線倉庫轉型成國際物流中心或自由貿易港區。

　　為便利加工或組裝等物流作業，碼頭後線倉庫擴展成大型物流園區或加工出口區，海運與內陸生產產業區或空港物流園區也相結合，透過貨物保稅及運輸倉儲電腦監控方式，使港口的經濟腹地更擴大，並與都會區的產業發展相結合。各國港口之間的競爭，也從吞吐量大小的競爭轉為服務效率的競爭，港口除了碼頭的作業效率及費率外，

2　Taxonomy of Logistics Clusters.
　　https://people.hofstra.edu/geotrans/eng/ch5en/appl5en/taxonomy_logistics.html

也衍生與相關外部單位（如關務、運輸、船務等）的聯結，而資訊網路的建置內容及單一窗口的流程再造相形重要。

　　港口原有的散雜貨碼頭位置及功能，在港口的整體發展計畫需作滾動檢討，並就長期進行用地及相關設施規劃，以符合國家長期經濟發展及區域性港市介面的協調合作。大宗散貨作業需就近配合工廠及專業區位置，會以專用碼頭設置並配合船舶大型化，長期會往港區外海以填海造陸方式遷移，以獲取大面積土地。

　　雜貨類作業配合港埠物流的發展，碼頭會提供半貨櫃船或駛上／駛下（RO/RO）型貨船作業，而後線的物流園區倉庫，則提供與傳統單純倉儲不同的加值作業（例如貨品加工、併裝、包裝等），在關務快捷及資訊作業基礎之上，如何提高貨物進出港區的便利性，將會是各港之間的競爭焦點。

1.2 下一代港口

　　對於海港的運輸及貿易功能發展演變，聯合國貿易及發展會議（United Nations Conference on Trade and Development, UNCTAD）在1991年的研究曾提出第一代、第二代、第三代港口的發展歷程報告[3]。

　　UNCTAD 第一代港口是指 1950 年以前的港口，其功能為海運貨

3　Port marketing and the challenge of the third generation port, UNCTAD, 1991.
　http://unctad.org/en/pages/PublicationWebflyer.aspx?publicationid=1165

物的轉運、臨時存儲以及貨物的收發等，港口只是海洋運輸同內陸運輸之間的一個界面。其特徵是：(1) 港口運輸活動、貿易活動相分離，只是貨物轉移的一個平台，功能是船岸之間的貨物轉移；(2) 港口把自己作爲一個獨立地方，同當地政府，甚至是貨運客戶的合作關係都很少；(3) 港口中不同的業務彼此孤立；(4) 主要轉運雜貨、散貨。

　　第二代港口是指 1950 至 1980 年代的港口。這一代港口除具有第一代港口的功能外，增加了運輸裝卸和爲商業服務的場所的功能。其特徵是：(1) 除了直接爲客戶提供貨運、裝卸服務外，同時還提供商業方面的相關服務；(2) 能以比較寬廣的角度來考慮港口政策與發展戰略，並採用比較先進的管理技術與方法；(3) 在港區範圍內增加工業及服務設施；(4) 在運輸和貿易之間形成夥伴關係，允許貨方在港區內建立自有的貨物處理設施；(5) 同港口當地有關方面（政府及社區）建立比較密切的聯繫。

　　第三代港口是 1980 至 1990 年代成爲物流中心的港口。這一代港口除具有第一代、第二代港口的功能外，更加強與所在城市以及用戶之間的聯繫，使港口的服務超出以往的地理界限，增添運輸、貿易的資訊服務與貨物的配送等綜合服務，港口成爲物流中心。其特徵是：(1) 港口逐步形成爲國際生產與流通網路的樞紐，經營管理更富於主動性；(2) 港口業務在原有基礎上不斷專業化、整合化，更富於彈性；(3) 在規劃建設港口基礎設施時同步考慮了資訊處理設施的規劃和建設；(4) 重視了對於貨物的加值服務。

表 1　港口的不同年代分類（UNCTAD）

特徵	第一代港口	第二代港口	第三代港口
發展階段	1960 前	1960～1980	1980 後
主要貨物	散雜貨	散雜、液體貨、半成品	散雜、液體及貨櫃貨
發展策略	貨物轉運點	運輸及商業中心	商業及國際物流
營運範圍	裝卸倉儲及航運	貨物加工及商業	貨物、資訊及物流
組織特徵	港內獨立運作	與港內外業者交流	與相關產業夥伴、港市合作
生產特色	單一服務	差異化及加值服務	資訊流及套裝服務
關鍵因素	勞力、資本	資本密集	技術、知識

　　有鑒於前幾代港口概念已無法包容、準確描述現代港口發展的功能特徵，於是在 1999 年聯合國貿易與發展會議上，有人提出第四代港口的概念[4]。第四代港口在包容第三代港口功能的基礎，港口作爲供應鏈中一個極爲重要的環節，不僅強調港口之間的互動，而且強調港口與相關物流活動之間的互動，以便極大化滿足整個運輸市場對港口差異化服務的需求，並促使與港口相關供應鏈各個環節之間的無縫對接。

4　The four generation port, UNCTAD Ports Newsletter, No. 19, 1999.
　　http://unctad.org/en/docs/posdtetibm15.en.pdf

　　第四代港口是從 1990 年代開始，爲港航之間聯盟與港際之間合作聯盟。這一代港口是建立在包括前三代港口功能，並且主要在港口與航運界之間的聯盟與港際之間合作聯盟基礎上的，處理的貨物主要是大型化、高度資訊化、網路化的，同時還應滿足市場多元化需求。其特徵是：(1) 港航之間聯盟與港際之間的聯盟，一些港口運營商經營的碼頭正在形成網路；(2) 港口與航運及其相關的物流活動之間的互動在構建供應鏈無縫對接時非常重要；(3) 港口的資訊化、網路化、便捷化使得港口能夠對市場需求做出便捷的快速反應，滿足客戶提出的各種差異化、專有化的需求。

　　從目前世界主要港口所處的階段來看，現代港口總的發展趨勢將是繼續往第三代港口全力演進，一些條件成熟的港口將進一步發展，向第四代港口更高層面演進升級。港口功能已經從全球綜合運輸網路的節點向全方位的加值服務中心發展，成爲物流、人流、資金流、資訊流、技術流的匯聚中心，港口經營的多元化時代隨之來臨。

第五代港口

　　未來的下一代港口？[5] 港口的發展從早期以運輸、貿易功能強度

---

[5]　Fifth and sixth generation ports (5GP, 6GP)-evolution of economic and social roles of ports.
https://www.researchgate.net/publication/324497972_FIFTH_AND_SIXTH_GENERATION_PORTS_5GP_6GP_-_EVOLUTION_OF_ECONOMIC_AND_SOCIAL_ROLES_OF_PORTS

來區分，後又以與地方物流發展聯結、資訊科技應用息息相關。近期許多學者的研究分析，歸納出下一代港口的發展典範標準，港口規劃與發展需與地方更加密切合作，新的資訊科技應用提升港口服務水準及作業效率，也使服務範圍超越地理的限制。

近代國際間各國自由貿易協定的簽定，使港口的貨物流動更加自由化，也吸引各方的投資，港口營運與管理有更多利害相關人參與港口作為各項決策，未來港口不僅重視硬體建設，對決策、科技應用及服務水準有更高要求。

表2　第四代及第五代港口比較

準則	第四代港口	第五代港口
服務品質 （Quality of Provided Service）	符合法規及一般標準	超過利害關係人預期的標準
資訊應用 （Application of IT Solutions）	港區內貨物通關與追蹤	聚焦在服務水準及港口安全，資訊科技應用在服務、事件預測及績效評量
利害關係人 （Influence on Port Stakeholders Environment）	受到港口規劃及環境影響評估限制	預為向利害關係人協調規劃、共同制定決策
港口群聚 （Port Cluster）	港區內的營運	整合港口願景與使命，港口管理者擔任先鋒、提供加值服務

準則	第四代港口	第五代港口
海運群聚（Maritime Cluster）	海運產業發展與港口作業功能分別獨立運作	提供獨特金融誘因吸引船東及造船業，增加就業及創造附加價值
物流樞紐（Logistics Hub）	設置免稅區及物流園區，僅為擴充港口的作業功能	港口是海運供應鏈的一環，空運提供高價極快速運送，先進物流園區鄰近港口
腹地連接（Land Connection, Hinterland）	發展與內陸聯結是自然演化	透過訂價政策及獎勵措施，建立與貨源腹地聯結網路

1.3 國外港口案例

　　新加坡是位於東南亞的一個島國，北方隔著柔佛海峽與馬來西亞為鄰，南方隔新加坡海峽與印度尼西亞相望，毗鄰馬六甲海峽南口。新加坡是全球最國際化的地區之一，與香港、上海同樣都是亞洲重要的金融和航運中心之一。

圖 3　新加坡港填海造陸 [6]

　　2013 年新加坡政府正式公布大士港區（TUAS）建設規劃，計畫在 30 年內通過四個階段的施工，建成占地面積 1,330 多公頃、年吞吐量 6,500 萬 20 呎櫃（TEU）的綜合港口，2016 年第一階段施工已經啓動。大士港區是新加坡在 2013 年國慶日公布的「三十年規劃」的重要內容，認爲港口發展與新加坡的生存緊密相連，並把建設大士港區列於很重要的位置。

　　新加坡政府的整體思考是，藉由在工業中心附近建設一個超級大港，把目前的轉口業務和一些市區的碼頭業務全部集中過來大士港

6　The great port relocation in Singapore.
　　https://theaseanpost.com/article/great-port-relocation-singapore

區，並利用新技術充分整合全國的轉口業務，加強新加坡在全球海運領域的競爭力，為其長遠國家發展提供動力。超級大港建港過程中的填海造地還可增加新加坡的國土面積。同時，南部地區騰出的大量土地將用於開展住宅和商業設施建設。新加坡國土有限，只能透過不停地輾轉搬遷才能適應國土發展需要，這也是新加坡政府的規劃智慧。

大士港區的規劃思維超越以往，大致可歸納為 5 大項，是新一代港口的典範。其中貨櫃碼頭統一（Consolidation of Terminals）指的是碼頭規模大，新加坡現現有 5 座貨櫃碼頭港區（Tanjong Pagar, Keppel, Brani, Pasir Panjang Terminal 1 & Terminal 2），港區彼此間的貨櫃拖運造成交通及時間的問題，碼頭集中後可減少作業交通困擾。預計大士港區建成後將達到 6,500 萬 TEU 的年吞吐規模，是現在新加坡國際港務集團吞吐量的兩倍有餘，碼頭可停靠長度超過 500 公尺、吃水 18 公尺的貨櫃船。第一階段施工將建成 20 個碼頭，可處理 2,000 萬 TEU。

「4 項創新」則分別指建造技術創新、操作技術創新、管理技術創新和整體空間思維創新。

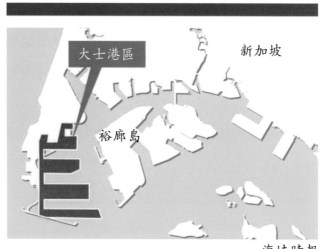

圖 4　新加坡大士港區位置 [7]

1. 在建造技術上，大士港區使用預製沉箱（Caisson）建造碼頭
   結構，比傳統打樁方式更快，也讓港口可以接待不同體積的
   船隻。第一階段工程將使用 222 個預製沉箱，每個沉箱重量
   超過 1.5 萬噸，高 28 公尺，組成全長 8.6 公里的碼頭岸壁結
   構，將是全球最長的碼頭之一。在建造中用於填海的沙土主
   要來自內陸建築挖出的泥土，減少對海沙的依賴，可節省大
   量成本。

7　Tuas mega port: First phase of works crosses halfway mark.
   https://www.straitstimes.com/singapore/tuas-mega-port-first-phase-of-works-
   crosses-halfway-mark

新加坡大士港區沉箱製作 [8]

2. 在操作技術上，使用先進科技（State of the Art Technology），大士港區將使用包括自動引導運輸車、自動化場地起重機、自動存儲與存取系統等科技，以降低人力成本和提高生產力。爲開發相關設備，新加坡港務集團還專門投資近 1 億新元建立了「PSA 應用創新實驗室」。

3. 在管理上，大士港區將安裝先進的船運交通管理系統，協助監督航運交通，向船隻建議最安全及有效的路線，並提早發現可能出現擁擠的水域。

8　Phase 1 of Tuas Terminal Development Begins.
https://maritime-executive.com/article/phase-1-of-tuas-terminal-development-begins#gs.01GaJsY

4. 在整體空間（Lifestyle Spaces）發展上，大士港還結合新加坡
   國土面積小的特點，綜合運用空間，將地面及地下空間用於
   服務發展海事相關業務及其他工業所需空間，包括提供存儲
   設施等。大士港區一旦建造完成，將成為新加坡地區集港口
   航運、臨港工業、造船業及其他港口事業為一體的超級港口
   綜合體。

　　為創造就業機會（Creation of Jobs），新加坡國際港務集團計畫
從丹戎巴葛（Tanjong Pagar）遷往大士港區，目的是為全面推動綜合
港區建設，充分反映出新加坡在國際航運領域的野心。一方面，科技
創新將進一步鞏固新加坡的航運中心地位。例如，國際航運聯盟下各
公司互換貨櫃非常頻繁，新科技將使這一業務更加安全、可靠、高
效，僅此一項就可以讓大士港區領先周邊大多數港口。再與新加坡已
簽署國際自貿協定、發達的臨港工業區及便利的停靠條件相結合，更
是助力更多。另一方面，當前地區港務競爭激烈，一些戰略性競爭因
素不時提出，讓以港立國的新加坡人很是緊張，唯有不斷提升港口能
力方能確保優勢地位。

　　但對於投資者來說，高收益也預示著投資參與的高門檻。根據新
加坡的綜合規劃，大士港區帶來的投資機會是多方面的，包括港口碼
頭本體建設、相關道路等配套建設、臨港工業區建設、港口附近居住
區和娛樂設施建設等。

　　資本參與大士港區建設及相關設施投資，可能面臨市場、資

金、技術等多方面競爭挑戰。大士港區被新加坡國際港務集團視作滿足未來 30 年需求的新一代港口，因而各項工程設計相對超前，招投標門檻也比較高。

從管理運營來看，大士港區完工營運時需要大量先進技術設備，目前新加坡自己專門成立了實驗室來開發相關技術，外資要進入參與恐怕也比較困難。但應該預見，幾個重要港區碼頭集中到大士港區後，其他地區將出現大片空地，如騰空後的丹戎巴葛地區將建設集商務、旅遊、休閒、居住於一體的濱海新城，這也給其他企業投資新加坡提供了新機會。

新加坡海事及港口管理局（Maritime and Port Authority of Singapore, MPA）於 2018 年 4 月 25 日已宣布新大士港區第二階段擴建及現代化計畫，總金額 11 億美元，合資夥伴包括南韓現代建設、日本五洋建設及荷蘭 Boskalis 國際等，以因應中國大陸上海、深圳及廣州港的激烈競爭。

新大士港區把新加坡所有港口設施從中部商業區移往西部工業區。工程分四階段，總工期 30 年。第一階段新生地工程預定於 2020 年代初完成；第二階段包括設計及興建 387 公頃新生地，2020 年代中期完工，完成後年貨櫃處理量能達 6,500 萬個 20 呎櫃（TEU）。

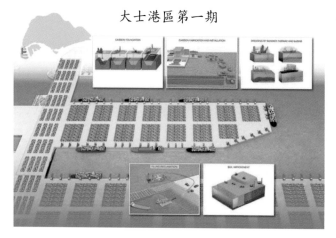

圖5　新加坡大士港區第一階段施工 [9]

 延伸討論

1. 港口的功能除了運輸外，也與經濟腹地的產業發展性質相關，整體發展如何納入及預測未來需求？

2. 新一代的港口發展設計，有港灣工程及管理技術的面向，如何建構整合型的港口分期發展策略？

3. 從新加坡港大士港區發展，思考臺灣港口發展方向。

9　A kiköt i fejlesztések legújabb mérföldkövei Szingapúrban: Pasir Panjang és Tuas.

http://www.geopolitika.hu/hu/2017/05/24/a-kikotoi-fejlesztesek-legujabb-merfoldkovei-szingapurban-pasir-panjang-es-tuas/

4. 未來自動化科技在港口碼頭作業及航行安全的應用內容。

有用的網路資源

1. **5 Things You Should Know About The New Tuas Mega Port**
   https://www.maritimesgconnect.com/features/spotlight/5-things-you-should-know-about-new-tuas-mega-port

2. **Developing the Fifth Generation Ports Model**
   https://link.springer.com/chapter/10.1057%2F9781137514233_8

3. **Designing the next generation container port**
   https://www.kalmarglobal.com/news--insights/2017/designing-the-next-generation-container-port/

4. **Keeping the ships sailing in – why the Tuas mega port matters**
   https://www.straitstimes.com/singapore/keeping-the-ships-sailing-in-why-the-mega-port-matters

5. **Ports newsletter ne19 - UNCTAD**
   http://unctad.org/en/docs/posdtetibm15.en.pdf

6. **Port Marketing and the Challenge of the Third Generation Port**
   http://unctad.org/en/PublicationsLibrary/tdc4ac7_d14_en.pdf

7. **Seaport development**
   https://www.onthemosway.eu/wp-content/uploads/2015/07/Seaports-development-v-2.0.pdf

8. **The evolution of sea transport: 4th generation ports**

   https://treball.barcelonactiva.cat/porta22/images/en/Barcelona_treball_
   Capsula_Sectorial_Transport_maritim_nov2012_en_tcm43-22791.pdf

9. **Tuas mega port: Phase 1 of Tuas Terminal construction begins 29 April 2016**

   http://ifonlysingaporeans.blogspot.com/2016/05/phase-1-of-tuas-
   terminal-construction.html

10. **What will a fourth generation city look like?**

    https://www.weforum.org/agenda/2016/04/what-will-a-fourth-
    generation-city-look-like/

11. **新加坡大士港：建設新一代港口**

    https://www.pixpo.net/others/0IJsblki.html

12. **新加坡：高度開放的貿易自由港是如何建成的**

    http://big5.xinhuanet.com/gate/big5/sg.xinhuanet.com/2014-01/04/
    c_125955076.htm

高雄港哨船頭公園

船舶的每一次航行，旅人的心在進出港時總是充滿期待，出發前往偉大的海洋探索世界，回來帶回滿滿的收穫。當船舶在港口下錨，不論是中途或終點站，港口是指引安全回家的路。

～～心比錨堅，每一次航行都要平安歸來～～

第二章　港埠業務費率

港口費率（Port Tariff）是商港提供船舶及貨物（包含旅客）各項作業機具或裝卸服務的收費依據，不同國家的港口營運競爭，有時在費率上會採取彈性調整措施以吸引船東及貨主，合宜的費率標準及各種計費項目，能增加港口的營運收入，同時也提供港口各項設施維護及新興建設投資的資金來源。

2.1 費率種類

一般商港收取的費用主要分為 Port Dues 或稱 Harbor Dues（港口捐、商港建設費、商港服務費），另一為 Port Charges（港灣或棧埠業務費用），前者由各國航政機關依入港船舶噸位、裝卸貨物噸量及上下旅客數，向船東、貨主、旅客收取，後者為港口管理機關或事業機構提供服務而收取的勞務服務與港埠設施租賃等之費用報酬。

臺灣國際商港之港埠業務費之項目及費率由商港經營事業機構擬定，報請交通部核定。國內商港與金馬地區商港則由航港局、金門縣及連江縣政府擬訂，報請交通部核定。

商港法（民國 100 年 12 月 28 日總統令修正公布全文 76 條；民國
101 年 2 月 3 日行政院令發布定自 101 年 3 月 1 日施行）

第 12 條 為促進國際商港建設及發展，航港局應就入港船舶依其總
噸位、離境之上下客船旅客依其人數及裝卸之貨物依其計費噸量計
算，收取商港服務費，全部用於國際商港建設。

前項商港服務費之費率及收取、保管、運用辦法，由航港局擬訂，報
請主管機關核定。

商港服務費應繳交航港建設基金。

商港經營事業機構、航港局或指定機關與公民營事業機構向不特定之
商港設施使用人收取港埠業務費之項目及費率上限，由商港經營事業
機構、航港局或指定機關擬訂，報請主管機關核定；變更時，亦同。

交通部處務規程（民國 27 年 3 月 8 日交通部公布）

第 8 條 航政司得分科辦事，掌左列事項：

三、航業及民用航空運輸航線與費率之核議事項。

商港服務費收取保管及運用辦法（民國 101 年 3 月 1 日交通部令
修正發布全文 17 條；並自 101 年 3 月 1 日施行）

第 4 條 國際航線之船舶，按下列規定擇一繳納船舶商港服務費：

一、按航次逐次繳納：依該船舶每次入港時之總噸位，以每噸新臺幣
0.5 元計收。

二、按期繳納：依該船舶總噸位，於船舶入港前，以每噸新臺幣 1.5

元計收，每期有效期間為自船舶入港之日起算四個月；或以每噸新臺幣 2.5 元計收，每期有效期間為自船舶入港之日起算 8 個月。入港前未繳納者，依前款規定按航次逐次繳納。

國內航線之船舶商港服務費，按前項費率之四成計收。

第 6 條　國際航線之貨物商港服務費，按散雜貨、整櫃貨、併櫃貨三類，依下列規定收取：

一、散雜貨及整櫃貨：依散雜貨、整櫃貨貨物商港服務費收費等級費率表（如附件）之規定計收。

二、併櫃貨：依該貨櫃內不同貨物之計費噸數量，以每噸新臺幣 80 元，分別計收；其每一筆報單應繳納金額，應前款費率表所定整櫃貨 20 呎以下第三等級費率計收之金額為限；不足新臺幣 100 元者，不予計收。

國內航線之貨物商港服務費，依國際航線之貨物商港服務費費率之四成計收。

散雜貨及整櫃貨之同一報單或提單內包含二費率等級以上貨物者，分別核算計收各費率等級貨物之商港服務費；無法辨識費率等級之貨物，其商港服務費以較低費率等級計收。

船舶貨物裝卸承攬業及船舶理貨業管理規則（民國 101 年 8 月 22 日交通部訂定發布全文 21 條；並自發布日施行）

第 10 條　船舶貨物裝卸承攬業收取之裝卸費用，應依據主管機關核

定之商港港埠業務費項目及費率上限內計收。

船舶貨物裝卸承攬業作業前後，應檢送裝卸載貨艙單及有關資料，報請商港經營事業機構、航港局或指定機關備查。

商港棧埠管理規則（民國 101 年 8 月 22 日交通部發布廢止）

第 11 條　棧埠業務費依商港業務費率表之規定收取。

第 91 條　船舶貨物裝卸承攬業收取之裝卸費用，應依據商港主管機關核定之商港港埠業務費費率表計收。

花蓮港貨船卸木屑作業

　　鑒於近來國際商港棧埠新興業務發展（如海運快遞專區、駛上駛下船載運貨物多元化）及與國際港口收費方式接軌（如遊艇碼頭碇泊費計費單位），並考量現行國際商港港埠業務費計費項目及費率未充分滿足港埠營運實需，交通部於 104 年 1 月 21 日核定修正之「國際

商港港埠業務費之項目及費率上限標準表」，臺灣港務公司自 104 年
3 月 1 日起實施。

2.2 港埠成本

　　港埠建設必須投入之成本高昂，是屬於稀有之經濟資源，固定運
輸設施的投資被認為是一種沉沒成本（Sunk Cost），因為這些設施
一旦建成就不能再更動其他使用，就機會成本而言，在一定程度上已
不能再被用於其他任何用途。例如港口和道路被廢棄時，原來的碼頭
和路基幾乎無法改作他用。從這一點來看，已經形成固定運輸設施的
投資是沒有機會成本的，原因是該資源已經沒有再被用於其他用途的
機會。

　　固定運輸設施除了起初的投資建設，還有在使用壽命期間內所
需要的養護及維修，因此固定設施成本還包括折舊、維修及其他相關
使用成本。與其他營運投資相比，這些固定設施的養護、維修及使用
費用比較少，其中有些費用與使用這些固定設施提供的運輸量關係不
大，屬於固定成本，另外一些則可能與運輸量的多少有密切聯繫，因
此被認為屬於變動成本。

　　由於商港碼頭及土地依土地法等限制私有擁有產權（工業港另適
用其他專法規定）及權利範圍，但港埠又具有公共基礎建設及提供公
共運輸之功能，因此政府在相關法規對商港土地之使用、出租，與地

價稅及建設維護成本均予以特殊規定，以避免港口成本大幅提升，減輕對港口服務及設施的直接使用對象的負擔，以促進經濟及國際貿易的發展。

土地法（民國 19 年 6 月 30 日國民政府制定公布全文 397 條；並自民國 25 年 3 月 1 日施行）

第 2 條　土地依其使用，分爲左列各類。

第一類　建築用地；如住宅、官署、機關、學校、工廠、倉庫、公園、娛樂場、會所、祠廟、教堂、城堞、軍營、砲臺、船埠、碼頭、飛機基地、墳場等屬之。

第二類　直接生產用地；如農地、林地、漁地、牧地、狩獵地、礦地、鹽地、水源地、池塘等屬之。

第三類　交通水利用地；如道路、溝渠、水道、湖泊、港灣、海岸、堤堰等屬之。

第四類　其他土地；如沙漠、雪山等屬之。

前項各類土地，得再分目。

第 14 條　左列土地不得爲私有：

一、海岸一定限度內之土地。

二、天然形成之湖澤而爲公共需用者，及其沿岸一定限度內之土地。

三、可通運之水道及其沿岸一定限度內之土地。

四、城鎮區域內水道湖澤及其沿岸一定限度內之土地。

五、公共交通道路。

六、礦泉地。

七、瀑布地。

八、公共需用之水源地。

九、名勝古蹟。

十、其他法律禁止私有之土地。

前項土地已成為私有者，得依法徵收之。

第一項第九款名勝古蹟，日據時期原屬私有，臺灣光復後登記為公有，依法得贈與移轉為私有者，不在此限。

第 25 條　直轄市或縣（市）政府對於其所管公有土地，非經該管區內民意機關同意，並經行政院核准，不得處分或設定負擔或為超過十年期間之租賃。

第 191 條　公有土地及公有建築改良物，免征土地稅及改良物稅。但供公營事業使用或不作公共使用者，不在此限。

土地法施行法（民國 24 年 4 月 5 日國民政府公布；並自民國 25 年 3 月 1 日施行）

第 6 條　凡國營事業需用公有土地時，應由該事業最高主管機關核定其範圍，向該管直轄市或縣（市）政府無償撥用。但應報經行政院核准。

國有財產法（民國 58 年 1 月 27 日總統令制定公布全文 77 條）

第 28 條　主管機關或管理機關對於公用財產不得爲任何處分或擅爲收益。但其收益不違背其事業目的或原定用途者，不在此限。

商港法（民國 100 年 12 月 28 日總統令修正公布全文 76 條；民國 101 年 2 月 3 日行政院令發布定自 101 年 3 月 1 日施行）

第 7 條　國際商港需用之土地，其爲公有者，得由商港經營事業機構依法申請讓售取得，或由航港局依法辦理撥用；其爲私有者，得由航港局依法徵收，或由商港經營事業機構與所有權人協議價購或以其他方式取得使用權利，協議價購或以其他方式取得使用權利已達計畫新增用地面積百分之五十，而其他新增用地無法價購或取得使用權利時，得依法申請徵收。

商港建設計畫有填築新生地者，應訂明其所有權屬，於填築完成後依照計畫辦理登記。

前項填築之新生地登記爲航港局管理者，得作價投資商港經營事業機構所有或由商港經營事業機構申請讓售取得。

航港局經管之公有財產，得以出租、設定地上權或作價投資之方式，提供商港經營事業機構開發、興建、營運使用，不受土地法第 25 條、國有財產法第 28 條及地方政府公產管理法令之限制。

前項之公有財產，供國際商港公共設施或配合政府政策使用者，得無償提供商港經營事業機構使用。

航港局依第四項規定出租或設定地上權予商港經營事業機構收入，應繳交航港建設基金。但航港局經管地方政府所有之公有財產盈餘，應繳交地方政府。

第四項財產提供使用之方式、條件、期限、收回、權利義務及其他應遵行事項之辦法，由主管機關定之。

第 8 條　商港經營事業機構、航港局或指定機關應無償提供海關、移民、檢疫及安檢等行使公權力機關作業所需之旅客、貨物通關及行李檢查所需之場地，其場地免納地價稅。

商港區域內商港經營事業機構取得之土地，其地價稅率為千分之十。

商港區域內應劃設海岸巡防機關所需專用公務碼頭；其租金基準，由主管機關定之。

第 10 條　國際商港區域內各項設施，除防波堤、航道、迴船池、助航設施、公共道路及自由貿易港區之資訊、門哨、管制設施等商港公共基礎設施，由政府委託商港經營事業機構興建維護外，得由商港經營事業機構興建自營，或由公民營事業機構以約定方式投資興建或租賃經營。

商港設施得由公民營事業機構以約定方式投資興建或租賃經營者，其甄選事業機構程序、租金基準、履約管理、驗收、爭議處理之辦法，由主管機關定之。

第 11 條　商港公共基礎設施之興建維護費用，由航港建設基金支付。

　　臺灣國際商港自民國 101 年 3 月 1 日起採取航港「政企分離」政策後，其碼頭營運計費與公共稅捐、港口建設費用負擔，均依新商港法作一規範區別。

高雄港拖船及船舶交通服務中心

　　港埠成本以管理機關、事業經營機構而言，在於公共基礎建設成本（如港口防波堤、航道、查驗管制站等）與營運設施成本（作業機具、碼頭、管理維護等）兩大類，航政機關收取商港服務費以作為公共建設之基金來源，港口事業經營機構則依各項費率種類收取費用，作為港口經營管理、車機船、碼頭倉庫等的營運收入。

2.3 費用定價

　　商港所提供服務計費不似一般行業之勞務提供或商品銷售，是

依不同情形採取不同費率：(1) 由於兼有公共運輸服務的特性，對國際及國內航線（離島及環島線）採取不同費率折扣；(2) 有時具有政策性，對兩岸客貨運運輸與國際航線採取不同費率；(3) 由於國際間之港埠競爭，採取費率獎勵措施；(4) 考量貨物作業技術性質或不同商品價值負擔能力，訂定不同費率；(5) 對於作業時段及作業條件特性，訂定加成費率；(6) 對於不同勞動條件及基本工資規定，適時檢討費率標準。

臺中港駛上駛下客貨船作業

作業申請人或委託人依交通部所核定國際商港港埠業務費之計費項目為兩大類：

1. 港灣業務費

碼頭碇泊費、浮筒費、曳船費、帶解纜費、給水費、垃圾清理費、開導艇費。

2. 棧埠業務費

裝卸費、設備使用費、一般貨物滯留費、棧租費、碼頭通過費、地磅使用費、一般碼頭夜工設備費、雜項工作費、海運快遞作業費。

表 3　港埠費用負擔對象

船舶負擔者	貨物負責者	船舶與貨物共同負擔或個別負擔者
碇泊費 浮筒費 設備使用費 帶解纜費 曳船費 給水費 船上裝卸費 貨櫃船及子母船各項業務費 其他經政府核定由船舶負擔之港埠業務費	倉租（場租） 貨物滯留費 碼頭通過費或管道通過費 陸上裝卸搬運費 裝卸機械使用費 其他經政府核定由貨物負擔之港埠業務費	拖駁船費 雜項工作費 其他以代收、代付方式處理之費用

另有公民營企業依商港法或促進民間參與公共建設法，向商港管理機關或事業經營機構所承租之（含合作興建）港埠設施，其對外營運收費需依國際商港港埠業務費之項目收取，並不得高於規定費率上限標準表。承租商港設施所繳交租金（土地、土木及機電設施）及費用（管理費及權利金），則依招標公告及契約約定事項辦理。

公民營事業機構投資興建或租賃經營商港設施作業辦法（民國 101 年 8 月 22 日交通部令發布全文 18 條；並自發布日施行。民國 104 年 1 月 5 日交通部令增訂發布第 16-1 條條文）

第 9 條 公民營事業機構應就契約記載之土地、設施與投資經營事項繳交租金與管理費，經營機構得就公民事業機構使用水域計收管理費。

前項租金及管理費項目及基準如下：

一、租金：

（一）土地租金：依商港區域土地使用費實施方案計收，未依該方案訂定港區土地使用區分之土地，以申報地價按年租金率計算之。

（二）設施租金：包含碼頭、建物及設備等項目，依其建造成本按年租金率計算之。

二、管理費：依公民營事業機構投資經營業務項目性質，按承租面積、使用範圍、營業額、前款租金總額、營運實績、營業規模及保證運量等事項計收。

　　在港口尚有一項引水費用是船舶需要負擔，依據我國引水法，在交通部規定強制的引水區域，商船進出港口需申請引水以維護船舶航行安全，其費用係由各港引水人辦事處依引水費率表項目向申請航商收取。

引水法（民國 91 年 1 月 30 日總統令修正公布）

第 1 條 本法所稱引水，係指在港埠、沿海、內河或湖泊之水道引領船舶航行而言。

第 3 條 引水主管機關，在中央為交通部，在地方為當地航政主管機關。

第 10 條 各引水區域之引水費率，由當地航政主管機關擬定，呈報交通部核准後施行，調整時亦同。

 延伸討論

1. 港埠費率是商港向使用者收費的標準及依據，隨著航運科技及作業方式改變，是否有可能改變項目及計費方式？

2. 航政機關收取商港服務費後繳交航港建設基金，航港建設基金提供商港公共基礎建設費用，如何擴大基金的來源？

3. 各國國際商港競爭常以費率減免或折扣方式，以爭取船舶到港及貨物作業量，如何有效制定有效費率的定價策略？

4. 臺灣國際商港其營運收益，需負擔政府預算目標、繳交航港建設基金及回饋地方政府，另需負擔企業社會責任，對其定價彈性有無鬆綁之方式？

有用的網路資源

1. **Harbour dues and tariffs, Port of Amsterdam**
   https://www.portofamsterdam.com/en/shipping/seashipping/harbour-dues-and-tariffs

2. **Jebel Ali Port Tariff, DP World**
   http://dpworld.ae/en/content/104/77

3. **Port Dues Tariff, Maritime and Port Authority of Singapore**
   https://www.mpa.gov.sg/web/portal/home/finance-e-services/finance/ocean-going-vessel/port-dues-tariff

4. **Port Pricing, UNCTAD（1975）**
   http://unctad.org/en/PublicationsLibrary/tdbc4d110rev1_en.pdf

5. **Port Pricing: Principles, Structure and Models**
   https://brage.bibsys.no/xmlui/bitstream/handle/11250/194585/1/SAM1414.pdf

6. **Port Planning Pricing Tariff**
   https://www.slideshare.net/AbhijitSingh9/port-planning-pricing-tariff

7. **Port Tariff, The Port of Long Beach**
   http://www.polb.com/economics/port_tariff.asp

8. **PORT TARIFFS, PORT OF KEELUN**
   https://kl.twport.com.tw/en/cp.aspx?n=3B1807C5A9242D85

9. **Port tariffs**

https://www.slideshare.net/wawaZAIN/port-tariff

10. **金門港埠業務費費率表，金門縣港務處**

http://harbor.kinmen.gov.tw/News_Content.aspx?n=01C71473CF8CB1
8F&sms=4FEFD09995C4BB81&s=68388AA18DBEE4FE

11. **馬祖港埠業務費費率表，連江縣港務處**

http://www.mtha.gov.tw/Law/Law_5.aspx

12. **國際商港港埠業務費之項目及費率上限標準表（104年1月21日核定版），交通部**

http://data.motcmpb.gov.tw/ListFolders/Document/23510

蘇澳港行政大樓

蘭陽平原日昇之處，南方澳的漁唱響起，港口都是包容提供軍民漁等各式船舶休憩補給之需，港口行政大樓提供各式進出港作業申請，當船舶停靠港口，總有一群人24小時的維持港口安全與作業，這是運輸人員的責任與榮譽。

～～可以信賴，總是會陪妳在身邊～～

第三章　港口事業投資

　　商港（港埠）投資，有港口管理機關（構）對公共基礎設施的投資，這是維持港埠運作的公共建設，另外也有公民營事業機構依需求在商港所投資經營的各項港埠設施與港務作業服務等。港務作業（裝卸、倉儲、運輸物流等）均涉及在商港區域內營業的依法許可申請、營運計畫書撰寫、投資效益評估、申請廠商評選等程序。

3.1 業務分類

　　港埠投資除公共基礎設施由政府（或委託商港事業經營機構）興建維護外，其他除可由商港事業經營機構自行興建，亦可由公民營事業機構以約定方式投資興建或租賃經營。另如經營港區貨櫃集散站、船舶貨物裝卸承攬業、貨物儲運中心、自由貿易港區事業等，或其他港埠輔助服務事業，亦需承租港區內陸域、水域、作業機具或合作興建作業設施。業者申請時主要依據是商港法與相關子法規定（交通部），其他屬重大交通建設適用的有促進民間參與公共建設法（財政部）、獎勵民間參與交通建設條例（交通部）。

商港法（民國 100 年 12 月 28 日總統令修正公布全文 76 條；民國 101 年 2 月 3 日行政院令發布定自 101 年 3 月 1 日施行）

第 10 條　國際商港區域內各項設施，除防波堤、航道、迴船池、助航設施、公共道路及自由貿易港區之資訊、門哨、管制設施等商港公共基礎設施，由政府委託商港經營事業機構興建維護外，得由商港經營事業機構興建自營，或由公民營事業機構以約定方式投資興建或租賃經營。

商港設施得由公民營事業機構以約定方式投資興建或租賃經營者，其甄選事業機構程序、租金基準、履約管理、驗收、爭議處理之辦法，由主管機關定之。

公民營事業機構投資興建或租賃經營商港設施作業辦法（民國 101 年 8 月 22 日交通部令發布全文 18 條；並自發布日施行。民國 104 年 1 月 5 日交通部令增訂發布第 16-1 條條文）

第 2 條　各項商港設施提供公民營事業機構投資興建或租賃經營（以下簡稱投資經營者），商港經營事業機構（以下簡稱經營機構）得自行規劃辦理或由公民營事業機構提出申請。

經營機構得依商港經營發展需要及案件性質採下列方式辦理前項業務：

一、綜合評選：指經營機構擬訂評選項目、基準與權重等相關事項，透過公開程序甄選公民營事業機構投資經營商港設施之方式。

二、單項評比：指經營機構擬訂單一評比項目及基準，透過公開程序甄選公民營事業機構投資經營商港設施之方式。

三、逕行審查：指符合第七條之情形，經營機構得不經公開程序甄選公民營事業機構投資經營商港設施之方式。

第 16-1 條　經營管理國內商港之交通部航港局或行政院指定之機關，於商港設施得由公民營事業機構以約定方式投資經營者，其甄選公民營事業機構之程序、租金基準、履約管理、驗收、爭議處理，準用本辦法之規定。

商港港務管理規則（民國 104 年 10 月 6 日交通部令修正發布施行）

第 2 條　本規則所用名詞定義如下：

一、棧埠作業機構：指經營船舶貨物裝卸、倉儲或服務旅客之公民營事業機構。

二、委託人：指委託棧埠作業機構作業之船舶所有人、運送人、貨物託運人或受貨人等。

船舶貨物裝卸承攬業及船舶理貨業管理規則（民國 101 年 8 月 22 日交通部令發布全文 21 條；並自發布日施行）

第 3 條　於商港區域內，申請經營船舶貨物裝卸承攬業者，應符合下列最低基準：

一、實收資本額：國際商港為新臺幣二千萬元；國內商港為新臺幣八百萬元。

二、裝卸搬運工人人數：國際商港為四十八人；國內商港為十二人。

三、作業機具：國際商港貨櫃作業為橋式起重機二臺，門型吊運機或跨載機二臺，堆高機一臺，經度量衡機關檢定合格之五十噸以上地磅一臺；散雜貨作業為堆高機四臺。國內商港為堆高機二臺。

國際商港機械化一貫作業專用碼頭及國內航線專用碼頭，申請經營船舶貨物裝卸承攬業之實收資本額及裝卸搬運工人人數，準用前項國內商港基準，惟作業機具得依實際作業需要備置。

第4條 申請經營船舶貨物裝卸承攬業，除符合前條規定之最低基準外，應與商港經營事業機構、航港局或行政院指定之機關（以下簡稱指定機關）合作興建或租賃經營專用碼頭，或與專用碼頭經營業者訂定船舶貨物裝卸承攬契約。

前項情形，於未開放租賃經營之碼頭，申請人應與商港經營事業機構、航港局或指定機關合作興建或租賃經營碼頭後線倉儲設施。

第一項每座專用碼頭或第二項碼頭後線倉儲設施之船舶貨物裝卸承攬業以一家經營為限，不得越區作業。但國內商港於未開放租賃經營之碼頭貨源規模不足，經航港局或指定機關同意者，不在此限。

基隆港東岸碼頭貨櫃場

促進民間參與公共建設法（民國 89 年 2 月 9 日總統令制定公布
全文 57 條；並自公布日起施行）

第 3 條　本法所稱公共建設，指下列供公眾使用且促進公共利益之
建設：

一、交通建設及共同管道。

二、環境污染防治設施。

三、污水下水道、自來水及水利設施。

四、衛生醫療設施。

五、社會及勞工福利設施。

六、文教設施。

七、觀光遊憩設施。

八、電業設施及公用氣體燃料設施。

九、運動設施。

十、公園綠地設施。

十一、工業、商業及科技設施。

十二、新市鎮開發。

十三、農業設施。

十四、政府廳舍設施。

本法所稱重大公共建設，指性質重要且在一定規模以上之公共建設；其範圍，由主管機關會商內政部及中央目的事業主管機關定之。

第8條 民間機構參與公共建設之方式如下：

一、民間機構投資新建並為營運；營運期間屆滿後，移轉該建設之所有權予政府。

二、民間機構投資新建完成後，政府無償取得所有權，並由該民間機構營運；營運期間屆滿後，營運權歸還政府。

三、民間機構投資新建完成後，政府一次或分期給付建設經費以取得所有權，並由該民間機構營運；營運期間屆滿後，營運權歸還政府。

四、民間機構投資增建、改建及修建政府現有建設並為營運；營運期間屆滿後，營運權歸還政府。

五、民間機構營運政府投資興建完成之建設，營運期間屆滿後，營運

權歸還政府。

六、配合國家政策，由民間機構自行備具私有土地投資新建，擁有所有權，並自為營運或委託第三人營運。

七、其他經主管機關核定之方式。

前項各款之營運期間，由各該主辦機關於核定之計畫及投資契約中訂定之。其屬公用事業者，不受民營公用事業監督條例第十九條之限制；其訂有租賃契約者，不受民法第四百四十九條、土地法第二十五條、國有財產法第二十八條及地方政府公產管理法令之限制。

獎勵民間參與交通建設條例（民國 83 年 12 月 5 日總統號令制定公布全文 49 條）

第 5 條　本條例之獎勵，以下列重大交通建設之興建、營運為範圍：

一、鐵路。

二、公路。

三、大眾捷運系統。

四、航空站。

五、港埠及其設施。

六、停車場。

七、觀光遊憩重大設施。

八、橋樑及隧道。

第 6 條　本條例適用之對象，以民間機構依下列方式之一參與前條

交通建設為限：

一、由政府規劃之交通建設計畫，經核准由民間機構投資興建及營運
　　其一部或全部者。

二、由政府興建完成之交通建設，經核准由民間機構投資營運其一部
　　或全部者。

三、由民間機構自行規劃之交通建設計畫，經政府依法審核，准其投
　　資興建營運者。

3.2 投資方案

　　海運運輸相關事業對港埠的投資，(1) 依使用時間可分短期與長
期租賃；(2) 依使用範圍可分為港區陸域及水域、自由貿易港區或專
業區；(3) 依使用需求特性可分為一般租用與合作興建；(4) 依投資標
的方式與金額大小，適用法規可分商港法（交通部）和重大交通建設
的促進民間參與公共建設法（財政部）、獎勵民間參與交通建設條例
（交通部）等相關投資法規。

　　國際商港營運設施如拖船、車機、碼頭、倉庫、水域、空地
等，商港事業機構除自行設置對外提供使用外，亦開放業者自行規劃
投資興建使用，因港埠設施大都具有規模大、投資大、回收慢、作業
特殊等特性，港口管理機關（構）政府規劃之港埠建設或民間自行規
劃之投資案，均採審慎及鼓勵之態度，對投資案的興建或營運計畫審

查採取公正、公開的評選方式，以確保計畫之可行、可久，符合港埠之規劃使用最大效益。申請港口投資業者面對競爭者及確保投資效益最大，更需注意投資方案的撰寫及分析內容，特別是專案投資金額及向港口管理單位繳交管理費用（或權利金）大小、免租使用設施年限等之試算。

公民營事業機構投資興建或租賃經營商港設施作業辦法（民國 101 年 8 月 22 日交通部令發布全文 18 條；並自發布日施行。民國 104 年 1 月 5 日交通部令增訂發布第 16-1 條條文）

第 4 條　經營機構擇定採綜合評選或單項評比方式辦理者，應辦理公告招商作業，其公告內容至少應包含廠商資格、綜合評選或單項評比之項目及基準、比序方式、簽約期限及應備文件。

經營機構就綜合評選或單項評比之投資經營申請案，應辦理資格及申請文件審核作業，並書面通知審核結果。

經營機構得組成評選小組辦理綜合評選或單項評比。

第 5 條　綜合評選之評選項目，至少應包含下列項目：

一、相關經營實績或經營理念。

二、投資經營計畫書，其內容如下：

（一）興建可行性；但租賃經營案得免提。

（二）營運可行性。

（三）財務可行性。

（四）法律可行性。

（五）其他經營機構認定需納入評選之項目。

三、前款投資經營計畫對商港經營管理之整體效益。

第 8 條 公民營事業機構經逕行審查通過者，取得與經營機構議約權利，經營機構得視案件性質要求公民營事業機構提送投資經營計畫書，有關投資經營計畫書之審查與經營機構之議約，準用第六條第二項之規定，並應於經營機構通知期限內完成簽約。

前條第一項第二款逕行審查案件，公民營事業機構申請文件至少應包含投資經營意向書及營運計畫書，以供經營機構就下列事項進行評估：

一、投資經營業務內容。

二、使用土地與設施項目。

三、整體發展構想及營運模式。

四、自由港區事業之投資效益分析及對商港經營產生之綜效。

五、相關經營實績或經營理念。

六、其他經營機構認定需納入評估之項目。

經營機構得組成審查小組辦理前二項審核作業。

高雄港—港口化學輪出港

自由貿易港區設置管理條例（民國 101 年 12 月 28 日總統令修正公布）

第 13 條　申請經營自由港區事業，應提具營運計畫書、貨物控管、貨物通關及帳務處理作業說明書，連同相關文件，向自由港區管理機關申請入區籌設及營運許可。

前項事業申請入區籌設及營運許可應具備之資格、營運組織型態、申請程序、檢附之文件、各項營運控管作業、帳務處理、許可之撤銷、廢止及其他應遵行事項之辦法，由主管機關定之。

自由貿易港區事業營運管理辦法（民國 102 年 7 月 22 日交通部令修正發布）

第 3 條 申請經營自由港區事業，應檢具下列文件，向管理機關申請籌設許可：

一、申請書。

二、營運計畫書。

三、貨物控管、貨物電腦連線通關及帳務處理作業說明書。

四、新投資創設者，其公司名稱及所營事業登記預查核准文件。

五、設施或土地租賃契約書或相關證明文件。

六、投資人證件：

（一）本國人：自然人附國民身分證影本；法人附公司登記證明文件。

（二）僑民：僑民身分證明文件。

（三）外國人：自然人附國籍證明書或當地國所核發之護照影本；法人附法人資格證明。但外國公司在國內設立分公司者，得以該公司之認許證明文件為之。

七、經營業務須經特許者應檢附相關證明文件。

前項申請授權代理人辦理者，應檢附代理人授權書及代理人之身分證影本或居留證影本。

第一項營運計畫書應記載下列事項：

一、營業目標及預計從事業務說明。

二、投資效益分析。

三、自用機器、設備清冊。

四、設施管理方式及人員配置情形。

五、其他法令規定之文件。

第一項第六款第三目外國人投資人所提出之證件，於國外作成者，須經我國駐外使領館、代表處、辦事處或其他外交部授權機構驗證；於國內作成者，須經外國駐華使領館，或外國政府授權並經我國外交部同意之外國駐華機構之驗證。

第一項申請書之格式、份數，由管理機關定之。

3.3 可行性分析

　　港埠投資計畫重在可行，並就各項情境進行模擬及試算，特別是赴國外港口投資時，除涉及政經環境（政府穩定性、營業許可、幣值匯率等），有時還要對外國人營業稅捐、勞工勞動條件、環境保護規定、海關通關規定、退場機制等加以注意，特別是施工期、營運期、維護折舊等，其財務的投資報酬率，應為港口投資案可行性分析考量重點。

　　國內的國際商港設施雖依據投資金額及標的差異適用不同法規，但其營運計畫書內容仍注重以下項目：

　　1. 興建可行性

　　規劃施工方法、計畫時程、環保及交通維持計畫、土地使用方式

等（租賃現有設施可免）。

2. 營運可行性

依計畫期程（含興建及營運）對投資案的營運量預測、市場分析、作業方式（或特殊性）、合作夥伴協議等。

3. 財務可行性

財務成本及收益、現金流量分析、自償率分析、投資效益分析、融資可行性分析、敏感度分析等。

4. 法律可行性

投資案的適用法律（含排除條款）、涉外國際相關條約、國內相關法律競合、新規定立法時程、爭議訴訟方式等。

5. 其他納入評選之項目

例如風險因子及對策、過去相關營運實績、合作國際團隊、需政府協助事項（土地徵收、稅捐減免、公共建設、融資保證、技術作價投資等）。

其中營運可行性（Operational Feasibility）指投資標的在完成後可具有市場的長期獲利性。港埠投資案大多屬各式碼頭、儲運倉庫、車機、拖船、自由貿易港區等，業主具有一定作業量或具有作業特殊性，對碼頭使用與貨物儲放位置有專用需求，營運可行性在於其營運商業模式是否有創新性，對港口所產生的綜效及時效。

另財務可行性（Financial Feasibility）在開始進行分析前，對基本假設（參數）要進行設定，如折舊、評估期間、物價指數、稅捐、

要求報酬率、融資利率及條件、資本結構等。財務成本與收益則設定資金成本、營運成本、地租、營運收入、權利金、重置成本等，實務上仍依個案需求進行調整，一般港埠小型投資興建案因使用期限短及金額小，分析項目會較簡化。

促進民間參與公共建設法施行細則（民國 107 年 6 月 8 日財政部令修正發布）

第 2 條　第一項港埠與其設施，指商港區域內之下列各項設施：

一、投資總額不含土地達新臺幣 10 億元以上之船舶出入、停泊、貨物裝卸、倉儲、駁運作業、服務旅客之水面、陸上、海底設施、遊艇碼頭及其他相關設施。

二、投資總額不含土地達新臺幣 25 億元以上之新商港區開發，含防波堤、填地、碼頭及相關設施。

三、投資總額不含土地達新臺幣 10 億元以上之各專業區附加價值作業設施，含廠房、倉儲、加工、運輸等必要設施。

臺中港旅客服務中心

 延伸討論

1. 就港口各項法規條件，試比較分析投資方式的條件及適用計畫項目。

2. 營運計畫書是參與港口投資繳交的重要評選文件，亦是內部方案決定的選擇結果，試研提一投資方案。

3. 港口投資對保證運量或貨物作業噸管理費，通常採取競標方式，其自我評估項目為何？

4. 財務可行性分析對投資方案的興建費用及投資報酬率具有重要性，使討論其評估考慮因子。

有用的網路資源

1. **Port Investment and Finance, Maritime Administration**
   https://www.marad.dot.gov/ports/office-of-port-infrastructure-development-and-congestion-mitigation/port-investment-and-finance/

2. **Port Planning and Investment Toolkit, Maritime Administration**
   https://www.marad.dot.gov/ports/strongports/port-planning-and-investment-toolkit/

3. **Port Investment and Container Shipping Markets, OECD**
   http://www.oecd.org/publications/port-investment-and-container-shipping-markets-9789282107850-en.htm

4. **The Economic Impacts of Port Investments, the Geography of Transport Systems**
   https://transportgeography.org/?page_id=9435

5. **The Infrastructure Investment Needs and Financing Challenge of European Ports, EPSO**
   https://www.espo.be/media/Port%20Investment%20Study%202018_FINAL_1.pdf

6. **全國法規資料庫**
   http://law.moj.gov.tw/

7. **財務管理之投資評估方法簡介，台肥公司**
   http://www.taifer.com.tw/taifer/tf/042010/049.htm

花蓮港景觀橋與餐廳

每逢颱風揚起，太平洋的長浪一波一波湧進港口，當防波堤外的浪頭捲起千丈浪，所有船舶紛紛出港躲避大浪，這只是港口防災工作的一個過程，當我們平時有準備演練，最後會迎向天邊的彩虹。

〜〜太平洋的風，最美風景是心在一起〜〜

第四章 棧埠事業經營

　　商港的棧埠事業（Stevedoring & Warehousing）主要提供船舶貨物裝卸、貨物進儲倉庫空地，也提供客船（郵輪、兩岸及國內離島線）旅客上下船服務，棧埠業務是商港的主要收入來源，商港棧埠作業現況除有國營商港經營管理事業外，也有民營的船舶貨物裝卸承攬業、倉儲業及物流中心、貨櫃中心等參與。

4.1 裝卸業務

　　商港的棧埠業務，是以船舶靠泊碼頭岸肩或船席水面進行各式貨物裝卸或旅客（含行李）上下船為起始，後續有船邊交提貨或貨物進出倉動作。

　　貨物裝卸貨物性質主要可分為貨櫃貨、散雜貨、液體貨、礦物貨、冷藏貨等，貨物的裝卸依包裝容器、船舶艙位型式、作業機具種類，擬定作業計畫並與船上負責人員協調，以維護船舶海上及岸上碼頭人員的作業安全，並依勞動部的碼頭裝卸安全衛生設施標準，開工前進行作業環境的工安檢查。

　　臺灣國際商港從民國 86 年開始，首先由高雄港進行碼頭工人僱

用合理化及裝卸作業民營化,將由沿襲日據的碼頭工會制度(工人入會資格採世襲制)改制成民間船舶貨物承攬公司所僱用,鼓勵公民營事業自行成立裝卸公司改善作業設備,以提高港口作業效率及服務品質。

近代港口貨物裝卸已採用自動化、一貫化作業方式,政府對碼頭裝卸作業環境的工安及環保作業極為重視,已不復以往大量使用人力或獸力的現象。由於貨物包裝標準化、船舶大型化、機具動力化;此外,也有一些超長、超高及特種貨物,在進行裝卸作業需具備相當專業作業技能,並做好貨物的裝卸及運送計畫,才能做好安全及有效率的作業。

拖駁船作業也是港口作業重要一環,例如在高雄港部分危險品或特殊貨物(遊艇、工廠設備等)無法通過過港隧道,便需使用拖駁船作業,一些船舶在港區水域上進行船舶修理、工程施作也會運用此種作業方式。

理貨業務是港區貨物裝卸的重要輔助工作,協助船方及貨主進行貨物丈量、分嘜頭等,貨物如有短少及貨損時進行協助公證。

商港法(民國 100 年 12 月 28 日總統令修正公布全文 76 條;民國 101 年 2 月 3 日行政院令發布定自 101 年 3 月 1 日施行)

第 3 條 本法用詞,定義如下:

五、商港設施:指在商港區域內,為便利船舶出入、停泊、貨物裝

卸、倉儲、駁運作業、服務旅客、港埠觀光、從事自由貿易港區業務之水面、陸上、海底及其他之一切有關設施。

十一、船舶貨物裝卸承攬業：指於商港區域內利用管道以外方式，提供機具設備及勞務服務，完成船舶貨物裝卸、搬運工作而受報酬之事業。

十二、船舶理貨業：指經營船舶裝卸貨物之計數、點交、點收、看艙或貨物整理而受報酬之事業。

商港港務管理規則（民國 104 年 10 月 6 日交通部令修正發布）

第 2 條　本規則所用名詞定義如下：

一、棧埠作業機構：指經營船舶貨物裝卸、倉儲或服務旅客之公民營事業機構。

二、委託人：指委託棧埠作業機構作業之船舶所有人、運送人、貨物託運人或受貨人等。

船舶貨物裝卸承攬業及船舶理貨業管理規則（民國 106 年 6 月 23 日交通部令修正發布）

第 2 條　本規則所用名詞定義如下：

一、機械化一貫作業專用碼頭：指船舶與後線倉棧（含堆貨場）間之貨物裝卸作業，均由自動化機械設備操作完成，全程貨物不落地之專用碼頭。

二、棧埠作業機構：指經營貨物裝卸、倉儲或服務旅客之公民營事業

機構。

三、委託人：指委託棧埠作業機構作業之船舶所有人、運送人、貨物
託運人或受貨人等。

商港棧埠管理規則（民國 101 年 8 月 22 日交通部令發布廢止）

第 2 條 商港之棧埠業務範圍如左：

一、裝卸業務。

二、倉棧業務。

三、拖、駁船業務。

四、船舶理貨業務。

五、旅客服務業務。

第 3 條 本規則所用名詞定義如左：

一、棧埠設施：指商港設施中，有關貨物裝卸、倉儲、駁運作業及服
務旅客之設施。

二、棧埠作業機構：指經營棧埠設施之公私事業機構。

三、委託人：指委託商港棧埠作業機構作業之船舶所有人、運送人、
貨物託運人或受貨人等。

四、危險物品：依聯合國國際海事組織所定國際海運危險品準則指定
之物質。

第 12 條 裝卸業務如左：

一、船上裝卸。

二、陸上裝卸搬運。

三、有關裝卸之其他雜項作業。

基隆港貨櫃碼頭

4.2 倉儲業務

　　一般商港作業貨物依海關分類可分進口貨、出口貨及轉口貨，進出口貨物需經船公司或貨主報關後，才進行裝卸作業。貨物進出口時，船方或貨主為便利拆、併貨作業或提前等候船期，會將貨物送入碼頭後線倉庫（或貨櫃集散站）儲放，轉口貨為配合轉運船期亦需卸船儲運再進行轉船裝船動作。

港口倉儲作業場所，依海關管理分類有港區貨櫃集散站、港區貨棧、保稅倉庫、露置場空地。港口倉儲設施有時依貨物特性會提供各式倉庫，如化學品儲槽、穀倉、煤倉、水泥儲槽、危險品倉庫、冷藏貨物倉庫等。現行自由貿易港區倉庫或國際物流中心可在海關許可下提供進儲貨物簡易加工作業，此為與一般貨物倉庫功能的主要差異。

另危險物品是指依聯合國國際海事組織（IMO）所定國際海運危險品準則（IMDG Code）指定之物質。港區倉庫如有收受此類物質，其消防設備標準會高於一般貨物，並劃設專有隔離儲存位置，港區貨櫃集散站與倉庫並受港口消防隊、航港局之安全檢查與演練指導。

船舶貨物裝卸承攬業及船舶理貨業管理規則（民國 106 年 6 月 23 日交通部令修正發布）

第 12 條　船舶理貨業務範圍如下：

一、散雜貨及貨櫃之計數、點交、點收。

二、船舶裝卸貨物時之看艙。

三、雜貨包裝狀況之檢視。

四、散雜貨標識分類、貨櫃櫃號識別及配合海關關務作業等相關理貨業務。

散雜貨及貨櫃之數量、標識、櫃號及雜貨包裝狀況，應由委託人或倉儲業者與理貨業者共同簽證。

國內航線、以管道方式裝卸運輸貨物或同一貨主同一貨物以包船租約

採船邊提貨者之船舶理貨業務，得由船方或貨主視實際需要委託理貨業者辦理。

商港棧埠管理規則（民國 101 年 8 月 22 日交通部令發布廢止）

第 37 條　倉棧業務範圍如左：

一、進口、出口及轉口貨物之存儲。

二、其他倉棧業務。

第 39 條　貨物進儲倉棧，應依左列規定：

一、進口或轉口貨物，應於調配船席二十四小時前，由委託人填具申請書，詳實載明貨物重量噸、呎碼噸及特重、特長、特大件等資料，向棧埠作業機構申請進儲倉棧，並於船舶到港後開始作業前，檢附進口艙單及裝載圖辦理進儲手續。

二、出口貨物由委託人填具進倉申請書，向棧埠作業機構辦理進倉手續。

第 101 條　經營棧埠作業拖駁船之申請，依商港管理機關之公告方式辦理。

商港區域內之拖駁船艘數、船型及噸位，由商港管理機關視港區水域狀況予以核定。

第 107 條　船舶理貨業務範圍如下：

一、散雜貨及貨櫃之計數、點交、點收。

二、船舶裝卸貨物時之看艙。

三、雜貨包裝狀況之檢視。

四、散雜貨標識分類、貨櫃櫃號識別等相關理貨業務。

散雜貨及貨櫃之數量、標識、櫃號及雜貨包裝狀況，應由委託人或倉儲業者與理貨業者共同簽證。

國內航線之船舶理貨業務，得由船方或貨主視實際需要委託理貨業者辦理。

貨櫃集散站經營業管理規則（民國 105 年 8 月 2 日交通部令修正發布）

第 2 條 貨櫃集散站經營業經營業務為貨櫃、櫃裝貨物之儲存、裝櫃、拆櫃、裝車、卸車及貨櫃貨物之集中、分散。

貨櫃集散站經營業得兼營下列業務：

一、進口、出口、轉口與保稅倉庫。

二、其他經主管機關核准與貨櫃集散站有關之業務。

第 3 條 貨櫃集散站經營業，依其場站所在位置分類如下：

一、港口貨櫃集散站：係設於港區範圍內之貨櫃集散站。

二、內陸貨櫃集散站：係設於港區以外內陸地區之貨櫃集散站。

保稅倉庫設立及管理辦法（民國 106 年 5 月 26 日財政部令修正發布）

第 2 條 經海關核准登記供存儲保稅貨物之倉庫為保稅倉庫，其設立及管理，依本辦法規定辦理。本辦法未規定者，適用其他相關法令

之規定。

申請登記爲完全存儲自行進口保稅貨物、自行向國內採購保稅貨物、供重整用貨物、供免稅商店或離島免稅購物商店銷售用貨物之保稅倉庫，爲自用保稅倉庫，不得存儲非自己所有之貨物。

海關管理進出口貨棧辦法（民國 106 年 5 月 11 日財政部令修正發布）

第 2 條　本辦法所稱之貨棧，係指經海關核准登記專供存儲未完成海關放行手續之進口、出口或轉運、轉口貨物之場所。

第 4 條　依本辦法設置之貨棧，除因特殊情形，經海關核准者外，應分兩種：

一、進口貨棧：限存儲未完成海關放行手續之進口貨物或轉運、轉口貨物。

二、出口貨棧：限存儲未完成海關放行手續之出口貨物。

航空貨物集散站內設置之進出口貨棧，依本辦法規定辦理。

自由貿易港區事業營運管理辦法（民國 102 年 7 月 22 日交通部令修正發布）

第 2 條　申請經營自由港區事業應爲符合本條例第三條第二款規定之從事貿易、倉儲、物流、貨櫃（物）集散、轉口、轉運、承攬運送、報關服務、組裝、重整、包裝、修理、裝配、加工、製造、檢驗、測試、展覽或技術服務之事業。

申請加入自由港區成為自由港區事業，從事本條例第三條第二款所訂業務者，其得為公司或外國公司在中華民國境內之分公司。

實際進駐自由港區內從事相關業務之公司或營運組織，其得為公司、分公司、辦事處或營運單位。

第7條 自由港區事業應設置二名以上專責人員處理自主管理事項相關業務，專責人員異動時應通知管理機關及海關。

前項專責人員須經自由港區管理機關舉辦自主管理專責人員講習合格，並取得結業證書。

自由貿易港區貨物通關管理辦法（民國 105 年 11 月 9 日財政部令修正發布全文 29 條；並自發布日施行）

第2條 本辦法所稱港區貨棧，指自由貿易港區（以下簡稱自由港區）管理機關設立或經其核准設立，具有與港區門哨單位電腦連線之設備，及可供自由港區事業貨物存儲、進出區貨物查驗、拆裝盤（櫃）之場所。

第3條 自由港區事業應設置電腦及相關連線設備，以電腦連線或電子資料傳輸方式處理貨物通關、帳務處理及貨物控管等有關作業。

高雄港蓬萊港區一般貨物倉庫

4.3 客運業務

　　臺灣國際商港以往的客運業務，除少數的國際郵輪到訪外，以國內（離島）線客運為主，兩岸客運自 1997 年兩岸海運直航後，才有兩岸包船、郵輪、金門廈門、馬祖馬尾小三通等客運業務。

　　現在國內海運客運航線有高雄－馬公、臺中－金門、基隆－馬祖、蘇澳－花蓮等定期航線，兩岸客運航線有臺中－金門、臺中－福建平潭、臺北－福建平潭、基隆－浙江大麥嶼、基隆－廈門等，國際郵輪母港航線則以基隆、高雄為主。

　　商港在經營客運業務，除客船外也有客貨兩用船，貨物作業方

式及收費方式依商港港埠業務費率表計收，客船及旅客主要收取旅客橋、行李費、旅客服務費等。

　　近年隨臺灣觀光環境日趨多元，民眾所得能負擔起國際郵輪旅遊方式，吸引中外旅客以搭乘郵輪往返或機加船（Fly-Cruise）兩段式方式進行海洋觀光，郵輪母港或郵輪經濟圈的發展模式，也成為新興的討論焦點。

　　國內交通部觀光局、航港局、臺灣港務公司及各港口所在地方政府，對郵輪業者航線及旅客，進行費用補助、觀光路線及農特產品宣傳、航線申請、港口客運設施改善、舉辦說明會等，以促進郵輪客運業務發展。港口也對加入郵輪城市旅遊、補給品供應鏈、船上日用生活廢棄物處理等進行業務合作，以獲取更多收益。

花蓮港國際郵輪

商港棧埠管理規則（民國 101 年 8 月 22 日交通部令發布廢止）

第 115 條　旅客服務業務範圍如左：

一、有關船運旅客上下船服務事項。

二、有關旅客行李上下船搬運事項。

三、有關船運旅客之其他服務事項。

第 116 條　客船上下旅客，應依左列規定辦理之：

一、客船應在調配船席七日前，由委託人將船名、日期、旅客出入口
　　距海面高度，向商港管理機關預報。需其他服務應特別註明，
　　以利安排。

二、客船抵港一日前，應由委託人向商港管理機關辦妥搭拆旅客橋委
　　託。

三、旅客行李上下船，除自行攜帶者外，應由委託人向商港管理機關
　　辦理搬運委託。

臺灣地區與大陸地區海運直航許可管理辦法（民國 104 年 7 月
31 日交通部令修正發布）

第 2 條　臺灣地區與大陸地區直航港口包含下列港口：

一、國際商港。

二、國內商港。

三、工業港。

前項港口由交通部報行政院指定後公告，並刊登政府公報。

第 9 條　大陸地區船舶入出臺灣地區直航港口期間，船舶懸掛公司旗，船艉及主桅不掛旗。

第 11 條　經營臺灣地區與大陸地區航線船舶、旅客及貨物入出臺灣地區直航港口，依港口一般作業規定繳交費用。

第 14 條　辦法有關許可管理事項，交通部得委任航港局辦理。

 延伸討論

1. 現行臺灣商港碼頭裝卸作業已全面作業民營化，港務公司與公民營事業單位亦可申請承攬貨物裝卸，航港局與港務公司的行業管理分工為何？

2. 國際郵輪業務相較過去國內客運業務，港口如何在此旅遊產業鏈開發新的服務模式以獲取收益？

3. 港口內自由貿易港區的儲運業務與加工出口區貨物儲放，在通關作業試作一比較。

4. 傳統港區內海關管制的保稅倉庫功能，與國際物流中心或自由貿易港區倉庫，其作業功能有何差異？

有用的網路資源

1. Port Industry Association

https://www.portindustry.co.nz/

2. **中華民國物流協會**

   http://www.talm.org.tw/

3. **中華民國貨櫃儲運事業協會**

   http://www.cctta.com.tw/web/guest/index

4. **台灣國際郵輪協會**

   http://www.icctw.com.tw/?AspxAutoDetectCookieSupport=1

5. **進安國際股份有限公司，臺中港**

   http://www.jin-an.com.tw/page/about/index.aspx?kind=23

6. **碼頭裝卸安全衛生設施標準，勞動部**

   https://laws.mol.gov.tw/FLAW/FLAWDAT01.aspx?lsid=FL015018

7. **嘉義布袋—馬公海運—澎湖交通與澎湖嘉義之間海運資訊**

   http://www.travelexpert.com.tw/traffic_a2.html

8. **郵輪旅遊網，臺灣港務股份有限公司**

   https://cruise.twport.com.tw/

臺北港行政大樓與廣場

除了淡水夕照，清晨的臺北港旭日東昇的陽光，指引著這個潛力無窮的發展中港口。船舶進港有多久沒有見到你，請繼續吟唱希望的進行曲。

～～你是我心中的花朵～～

第五章 港務業務管理

　　港務管理為港口管理之核心工作，從船舶進港、船席指派、港區安全管理等，一直到船舶作業完畢安全出港，工作內容涉及國內法規及國際公約相關規定，其業務範圍涉及水域和陸域範圍，審慎的規劃、確實演練、快速應變是其主要的例行工作。

5.1 船舶交通系統

　　1948 年 7 月，英國利物浦港口管理中心在莫西（Mersey）安裝了用來監控船舶交通的雷達，並透過無線電提供引水人動態的船舶資訊，這可以說是現代船舶交通服務的始祖。船舶交通服務（Vessel Traffic Services, VTS）系統，或稱為船舶交通管理系統（Vessel Traffic Management System, VTMS），是港埠管理的重要項目。1997 年國際海事組織（International Maritime Organization, IMO）將 VTS 置於「海上人命安全國際公約」（International Convention for the Safety of Life at Sea, SOLAS）中，成為會員均需遵守的規定。

船舶交通服務的功能分為六項[1]：

1. 資料蒐集

VTS 必須確實掌握該水域之交通及其他資訊，才能有充分可靠之資料進行服務的措施。

2. 資料評估

蒐集到相關之資訊後，才能藉由這些資訊進行分析、評估及處理，提供最正確之服務訊息。

3. 訊息服務

係指在固定時間或必要時，會主動廣播航行安全或海象資料等信息，及針對有特殊需求的船舶，提供正確的資訊。

4. 航行協助服務

應船舶對 VTS 或 VTS 對船舶的要求，所提供的一些協助船舶航行的服務。

5. 交通組織服務

對 VTS 服務水域之範圍內，針對船舶之交通做統一的指揮與調度，然而此措施具有相當程度之強制性。

6. 支持聯合行動

係 VTS 的一種輔助功能，如：綜合整體資訊流程，並將訊息發

1　陳志立、汪進財，「海上交通工程之發展與應用」，交通運輸，第十三期，頁 105，民國 86 年。

送相關單位；支援有關部門的行動；提供救助或給予緊急事故小組支援等。

船舶交通服務的預期效益 [2]

1. 航行安全方面：可對到離港船舶航行動態有效掌握，提供完善資訊預警服務，避免海難事故發生。

2. 港埠作業資訊化方面：設置 VTS 後，其工作站電腦與港口主機連線，VTS 資訊可與港灣、棧埠資訊相結合，相輔相成，達成航政、港灣業務與棧埠作業一元化之目標。

3. 營運時效方面：(1) 當海象惡劣、視界不良或霧季時，可快速正確引導船舶安全航行，增加進、出港效率。(2) 可由管制塔台雷達設備準確計算出各船與港口距離及航向、航速，律定通行秩序，減少滯港等候船席時間，並作預警避免海難事故發生。

4. 環境效益方面：對海洋環境污染方面，可由雷達依船舶行經時間及所經航路，藉以查證外海船隻排放廢油行為，以發揮阻遏效能。

5. 海難救護方面：VTS 可在有效範圍內，確實掌握船舶動態，迅速傳送遇難船舶之求救與援助資訊。

2　船舶交通服管制，國立臺灣大學。

http://ebooks.lib.ntu.edu.tw/1_file/klhb/042835/0803f.pdf

　　我國也為了維護沿海航行安全與提升港口之服務品質，行政院於 1989 年正式核准基隆港建置 VTS 的計畫。由於基隆港船隻往來頻繁，且易受東北季風、颱風、霧季等影響，船舶在進出港航行時若稍有不慎則亦發生事故，因此我國第一套 VTS 系統選擇建置於基隆，也開啓了國內三大國際港建置 VTS 的里程碑。基隆港的 VTS 系統於 1999 年正式啓用、高雄港於 2002 年啓用，而臺中港則是在 2007 年 2 月啓用 [3]，臺北港則於 2009 年啓用。

蘇澳港信號台

3　船舶交通服務之簡介，國立臺灣海洋大學。

　　http://meda.ntou.edu.tw/martran/?t=3&i=0029

商港法（民國 100 年 12 月 28 日總統令修正公布全文 76 條；民國 101 年 2 月 3 日行政院令發布定自 101 年 3 月 1 日施行）

第 3 條　本法用詞，定義如下：

八、船席：指碼頭、浮筒或其他繫船設施，供船舶停靠之水域。

九、錨地：指供船舶拋錨之水域。

第 30 條　船舶應在商港經營事業機構、航港局或指定機關指定之地點裝卸貨物或上下船員及旅客。

第 33 條　船舶在商港區域內停泊或行駛，應受商港經營事業機構、航港局或指定機關之指揮。

商港港務管理規則（民國 104 年 10 月 6 日交通部令修正發布）

第 6 條　船舶到達國際商港前，應與港口信號台聯絡，經商港經營事業機構指定船席及通知後，始得入港。

船舶到達國內商港前，應與港口信號台聯絡，經航港局或指定機關指定船席及通知後，始得入港。

第 47 條　遇難或避難船舶，應聯繫港口信號台，並由信號台通知航港局或指定機關。

5.2 危險物品管理

在商港進行國際貨物運輸時，經常會有危險物品（貨物）的運送與儲轉，有時以散裝、液體、貨櫃等包裝方式運送，由於有些危險

物品具有爆炸性、放射性、揮發性等性質，因此在港口作業必須加以規範以避免危害人命及港埠設施安全，國際海事組織（IMO）對海上危險物品定義分類、船舶運送注意事項及預防污染控制有以下公約要求會遵守，我國交通部已依商港法及船舶法規定，將國際公約內國法化，要求我國船舶運送業及國際商港遵守。

1. 國際海運危險品運送章程（International Maritime Dangerous Goods Code, IMDG Code）是國際海事組織對於從事國際海上運送之船舶其安全運輸或所裝載之危險貨物或有害物質所通過的國際準則。IMDG Code 是為了保護船舶人員和對於從事危險品安全運輸的船舶防止其對於海洋之污染；它並建議各國政府通過或以此為基礎作為法規。本章程由國際海事組織轄下之委員會（DSC）每 2 年對其內容作更新及維護。

2. 國際海上人命安全公約（International Convention for the Safety of Life at Sea, SOLAS）或稱海上人命安全公約，現稱關於 1974 年國際海上人命安全公約之 1978 年議定書（Protocol of 1978 Relating to the International Convention for the Safety of Life at Sea 1974, SOLAS 74/78）是國際海事組織所制定的海事安全公約之一（第 VII 章，危險品之載運）。

3. 防止船舶污染國際公約（International Convention for the Prevention of Pollution from Ships, MARPOL），現稱「關於 1973 年防止船舶污染國際公約之 1978 年議定書（Protocol of

1978 Relating to the International Convention for the Prevention of Pollution From Ships 1973, MARPOL 73/78）」，是國際海事組織針對海上船舶因例行作業產生之故意性油類物質污染行為，並設法減少船舶因意外事故或操作疏失所形成之偶發性污染行為所制定之國際公約。

　　港區危險物品之作業始於船舶進港預報，如載有危險物品應獲主管機關許可後，向航政機關申請進港許可同意，由商港管理機關（構）指定危險品船舶作業船席。

　　臺灣各國際商港的港灣棧埠申報系統（含危險物品）均要求託運人（或報關業）確實申報，並透過海關艙單、船舶積載圖資料進行比對，船公司基於船舶運送安全亦對託運人匿報危險物品情形收取違約金，航政機關如有查獲貨主匿報情形亦依商港法罰則進行處分。

高雄港第一貨櫃中心

商港法（民國 100 年 12 月 28 日總統令修正公布全文 76 條；民國 101 年 2 月 3 日行政院令發布定自 101 年 3 月 1 日施行）

第 3 條　本法用詞，定義如下：

十、危險物品：指依聯合國國際海事組織所定國際海運危險品準則指定之物質。

第 21 條　遇難或避難船舶，經航港局或指定機關會同有關機關檢查，具有下列情事之一，航港局或指定機關得拒絕入港：

一、載運之危險物品有安全顧慮。

二、載運染患傳染病或其可疑症狀之人，有影響國內防疫安全之虞，且該商港未具處置之能力。

三、船體嚴重受損或船舶有沉沒之虞。

四、其他違反法規規定或無入港之必要。

第 25 條　入港船舶裝載爆炸性、壓縮性、易燃性、氧化性、有毒性、傳染性、放射性、腐蝕性之危險物品者，應先申請商港經營事業機構、航港局或指定機關指定停泊地點後，方得入港。

船舶在港區裝卸危險物品，應經商港經營事業機構、航港局或指定機關之同意。對具有高度危險性之危險物品，應由貨物所有人備妥裝運工具，於危險物品卸船後立即運離港區；其餘危險物品未能立即運離者，應於商港經營事業機構、航港局或指定機關指定之堆置場、所，妥為存放。

裝載危險物品之船舶，應依照規定，日間懸掛紅旗，夜間懸掛紅燈於

最顯明易見之處。

船舶危險品裝載規則（民國 104 年 8 月 13 日交通部令修正發布）

第 2 條　船舶除遊艇及小船外，其危險品之裝卸及載運應依本規則規定。航行國際航線之船舶並應符合國際海運危險品章程及其修正案、防止船舶污染國際公約附錄三防止海上載運包裝型式有害物質污染規則及其修正案規定。

第 36 條　船長應儘可能查明船上所載危險品之標記、標籤、確已標註清楚，其包裝情況確屬良好。

第 40 條　任何危險品託運時，應於託運文件上使用正確之技術名稱，並儘可能附記國際海上人命安全公約規定之 UN 編號，以資識別。

第 48 條　危險品裝船或卸船，或為其他裝卸時，船長或其職務代理人，必須在場。

第 49 條　危險品裝船時，船長應確認其容器、包裝及標籤符合本規則之規定，並與託運危險品申請書所記載之事項相符。船長認為容器、包裝或標籤不符規定時，得會同證人將包裝拆解，予以檢查。

第 114 條　危險品運送途中或停泊港口碼頭，均應派員看守，嚴加戒備，以防止危險之發生。

船舶散裝貨物裝載規則（民國 101 年 1 月 11 日交通部令修正發布名稱及全文 59 條；並自發布日施行）

第 7 條 載運散裝固體危險貨物之船舶，須取得航政機關或驗船機構核發得載運散裝固體危險貨物之許可文件。

載運散裝穀類之船舶，須取得航政機關或驗船機構核發得載運散裝穀類之許可文件。

第 45 條 載運固體散裝危險貨物船舶應備有詳列船上危險貨物及其位置之特別清單或艙單。

前項特別清單或艙單得由標明危險貨物類別及位置之詳細積載圖替代。

船長於船舶開航前應備有第一項或第二項文件供送港口國當局備查。

第一項及第二項文件上之所有固體散裝危險貨物的相關名稱均應使用國際公約規定之運輸名稱。

第 52 條 具有化學危險之散裝貨物應按國際海運危險貨物規則進行分類與運送。

5.3 港區行政管理

商港港務管理涉及陸域、水域範圍，港務管理大致可分為行政、監控、港勤、航管四類，管理下列事項：

1. 商港範圍檢討擬議修訂及都市計畫相關業務處理事項。

2. 港區安全管理及災害事故處理事項。

3. 船舶停泊及違規管理事項。

4. 船席指定及調配管理事項。

5. 船舶進出港口及港內航行交通管理事項。

6. 船舶交通及導航設備維護管理事項。

7. 港勤船舶作業維護管理事項。

8. 民營港勤業務協調事項。

9. 商港法與港務管理規則等法規擬議修訂事項。

10.港區安全監控及維護管理事項。

11.其他交辦事項。

其中安全管理的國際港口設施保全業務 [4] 涉及船舶與港口安全，須依國際公約規定辦理。航港組織改制後，原港務局港務單位辦理的 ISPS 移由航港局辦理，港務經營事業機構則成為保全單位（PF）之一。

國際船舶與港口設施章程（International Ship and Port Facility Security Code, ISPS）是 1978 年海上人命安全國際公約針對船舶、港口及港口國政府對於保全的一項修正案，於 2004 年開始生效。其規定港口國政府、船東、船上人員以及港口、設施人員察覺保全威脅及

4　國際港口設施保全業務，交通部航港局。

　　https://www.motcmpb.gov.tw/information_337_2437.html

採取相對的預防措施，以防止保全事件影響從事國際貿易的船舶或港口設施。

為確保並驗證我國國際商港各港口設施持續符合「國際船舶與港口設施保全章程（ISPS Code）」規定，依「商港法」第 42 條規定，由交通部航港局督導商港經營事業機構辦理各國際商港保全評估作業，並擬訂保全評估報告及保全計畫；同時依「商港法」第 43 條規定，該局對港區保全業務進行查核及測試，並配合國際公約規定，每 5 年重新核發「港口設施符合聲明書」，及每年 4 月至 8 月進行年度查核工作，俾辦理港口保全設施之合格簽署。

查核範圍包含我國基隆港、臺北港、蘇澳港、臺中港、布袋港、安平港、高雄港、馬公港及花蓮港等各港口設施（PF）。

查核指標依據國際港口設施保全查驗指標，計有 10 大項：

1. 保全組織。

2. 保全人員之知識及能力。

3. 保全設備情形。

4. 港口設施保全通信。

5. 保全演練、演習執行情形。

6. 保全作業機制及執行情形。

7. 保全措施及落實行情形。

8. 港口設施改變時重新進行保全評估及修正保全計畫。

9. 港口設施保全內部稽核執行情形。

10.其他項目。

花蓮港內港航道

國營港務股份有限公司設置條例（民國 100 年 11 月 9 日總統號令制定公布全文 22 條；民國 100 年 12 月 13 日行政院令發布定自 101 年 3 月 1 日施行）

第 1 條 交通及建設部爲經營商港，設國營港務股份有限公司（以下簡稱港務公司），其設置依本條例之規定。

港務公司由政府獨資經營。

第 2 條 港務公司業務範圍如下：

一、商港區域之規劃、建設及經營管理。

二、商港區域海運運輸關聯服務之經營及提供。

三、自由貿易港區之開發及營運。

四、觀光遊憩之開發及經營。

五、投資、轉投資或經營國內、外相關事業。

六、其他交通及建設部或目的事業主管機關委託及核准之事項。

商港法（民國 100 年 12 月 28 日總統令修正公布全文 76 條；民國 101 年 2 月 3 日行政院令發布定自 101 年 3 月 1 日施行）

第 1 條 商港之規劃、建設、管理、經營、安全及污染防治，依本法之規定。

第 2 條 本法之主管機關為交通及建設部。

商港之經營及管理組織如下：

一、國際商港：由主管機關設國營事業機構經營及管理；管理事項涉及公權力部分，由交通及建設部航港局（以下簡稱航港局）辦理。

二、國內商港：由航港局或行政院指定之機關（以下簡稱指定機關）經營及管理。

第 5 條 商港區域內治安秩序維護及協助處理違反港務法令事項，由港務警察機關執行之。

商港區域內消防事項，由港務消防機關或委辦之地方政府執行之。

前二項港務警察機關及港務消防機關協助處理違反港務法令事項時，兼受航港局之指揮及監督。

第 41 條 商港經營事業機構、航港局或指定機關應擬訂災害防救業

務計畫，報請主管機關核定之。

前項計畫應定期檢討，必要時，得隨時為之。

商港區域內發生災害或緊急事故時，商港經營事業機構、航港局或指定機關得動員商港區域內各公民營事業機構之人員及裝備，並應配合有關機關之指揮及處理。

商港區域內各公民營事業機構應配合商港經營事業機構、航港局或指定機關實施災害防救演習及訓練。

第 42 條 商港經營事業機構應辦理各國際商港保全評估作業，並據以擬訂保全評估報告及保全計畫，報請航港局核定後實施。

國際商港區域內各公民營事業機構，應依前項計畫辦理港口設施保全評估作業，並據以擬訂保全評估報告及保全計畫，報請航港局或其認可機構核定後實施。

商港港務管理規則（民國 104 年 10 月 6 日交通部令修正發布）

第 18 條 進出港區各業作業人員或車輛，均應由各業負責人或車輛所有人檢具有關文件，向商港經營事業機構、航港局或指定機關申請核發港區通行證件並接受港務警察檢查後，始可通行。

船員經入出國及移民署查驗許可並接受港務警察檢查後，始可進出港區。

第 53 條 本法及本規則有關航港局經管國內商港經營管理事項及公共基礎設施之興建維護，航港局得委託商港經營事業機構辦理。

本法及本規則有關商港港務管理及其處罰事項，指定機關得委任所屬
商港經營管理機關辦理。

前二項情形，應將委託或委任事項及法規依據公告之，並刊登政府公
報及網站。

 延伸討論

1. 船舶交通服務（或信號臺）是船舶進出港口的重要安全引導設施，
   對船舶的引導與燈塔、引水人的功能有何差異？

2. 危險物品（貨物）在國內船舶危險品裝載規則及商港法規定，其
   管理重點為何？

3. 我國國際港口管理自「政企分離」後，依商港法規定及立法精神，
   航港局與港口管理事業機構的分工權責為何？

4. 國際商港的國營事業經營機構，在商港法上排除公權力，有那些
   特別管理權力？

有用的網路資源

1. **IMDG Code, IMO**
   http://www.imo.org/en/Publications/IMDGCode/Pages/Default.aspx

2. **SOLAS XI-2 and the ISPS Code**
   http://www.imo.org/en/ourwork/security/guide_to_maritime_security/

pages/solas-xi-2%20isps%20code.aspx

3. **Vessel Traffic Services, IMO**

http://www.imo.org/en/OurWork/Safety/Navigation/Pages/VesselTrafficServices.aspx

4. 工業專用港及工業專用碼頭經營管理辦法

https://www.moeaidb.gov.tw/iphw/hpharb/service/P3-1.pdf

5. 全國法規資料庫

http://law.moj.gov.tw/Index.aspx

6. 基隆港港區危險品裝卸作業實施要點

https://kl.twport.com.tw/chinese/cp.aspx?n=BFC69C19FEF957DF

7. 船舶交通服務之簡介，臺灣海洋大學

http://meda.ntou.edu.tw/martran/?t=3&i=0029

8. 船舶交通服務系統，高雄港務分公司

https://kh.twport.com.tw/chinese/cp.aspx?n=B51338D078EA86AB

9. 船舶交通管制，基隆港務分公司

https://kl.twport.com.tw/chinese/cp.aspx?n=C4DC32BC8E3AD0A2

10.船舶交通管制，臺灣大學

http://ebooks.lib.ntu.edu.tw/1_file/klhb/042835/0803f.pdf

11.港區通行證通用管理系統，MTNet

https://web03.mtnet.gov.tw/MTNet/FAQ/FAQ.aspx?fid=3001

基隆港東岸碼頭與郵輪

每一次旅行都是爲了與你不期而遇，每一個故事都是不同的心情，走過千山萬水，回首發現水是故鄉甜，人是故鄉親，港都不再是唱著悲傷曲。

～～有情港口，你是我所有的回憶～～

第六章　港口環境保護

　　近代港口因國際貿易貨物種類多元化，港口作業與鄰近都會區又相接，船舶與港埠所產生污染問題更引發關注，國際上也發覺船舶本身及在港口作業時，貨物裝卸對港口環境產生的破壞性，使追求永續發展和適當保護港口生態，已成國際商港另一管理課題。

6.1 港口污染管制

　　港口的污染源，在移動性污染源主要為作業船舶、機具、貨車等，在固定污染源為貨物裝卸作業場地及港區營建工程、專業區（電力、煉油）。就污染產生型態可分為空氣污染、海洋污染、土地污染。

1. 空氣污染主要是船舶在進出港及港區停留時燃燒重油所產生的化學有害物質，還有港區工業區工廠生產過程的廢氣排放，另外是營建工地、貨物裝卸、柴油貨車通行時所產生揚塵逸散及空污現象。

2. 海洋污染分別是廢棄物進行外海棄置、船舶事故（含壓艙水排放）、都市民生下水道及工廠排放廢水、裝卸過程造成港

口海上污染。

3. 土地污染是貨物儲運時外洩現象，造成危險物質洩（滲）露
　　於地表層，特別是原油、化學品的管道、儲槽之通過路線與
　　設置位置。

行政院環境保護署與交通部爲因應民眾生活環境及國際海事組織
（IMO）環保的措施，在法規及港口防治污染督導，已配合國際規範
進行修正，並持續推動綠色港口的國際認證。

高雄港散雜貨碼頭防塵作業

商港法（民國 100 年 12 月 28 日總統令修正公布全文 76 條；民國
101 年 2 月 3 日行政院令發布定自 101 年 3 月 1 日施行）

第 37 條　商港區域內，不得爲下列污染港區行爲：

一、船舶排洩有毒液體、有毒物質、有害物質、污油水或其他污染物
　　之行為。

二、船舶之建造、修理、拆解、清艙或打撈，致污染之行為。

三、裝卸、搬運、修理或其他作業，致污染海水或棄置廢棄物之行
　　為。

四、船舶排煙、裝卸作業、輸送、車輛運輸或於堆置區，發生以目視
　　方式，即可得見粒狀污染物排放或逸散於空氣中之行為。

第 38 條　商港區域內，船舶之廢油水、廢棄物或其他污染物質，應
留存船上或排洩於岸上收受設施。

前項污染物質於岸上收受，應委託公民營廢棄物清除處理機構處理。

第 39 條　船舶在商港區域內發生海難或因其他意外事件，致污染水
域或有污染之虞時，船長及船舶所有人應即採取措施以防止、排除或
減輕污染，並即通知商港經營事業機構、航港局或指定機關。

船長及船舶所有人未依前項情形採取措施或污染有擴大之虞時，商港
經營事業機構、航港局或指定機關得逕行採取必要之應變措施；其因
應變或處理措施所生費用，由該船舶所有人負擔，在未繳清費用前，
得禁止該船舶所屬公司其他船舶入出港。

商港港務管理規則（民國 104 年 10 月 6 日交通部令修正發布）

第 25 條　港區內之船舶裝卸貨物、拆解船舶或其他公民營事業機構
作業時，應將油料、廢水、廢棄物及垃圾等清除，不得遺留排放或拋

棄於港區；不清除者，得由商港經營事業機構、航港局或指定機關代為清除，其費用由船舶所有人或行為人負擔。

空氣污染防制法（民國107年8月1日總統令修正公布全文100條；並自公布日施行）

第 3 條 本法用詞，定義如下：

一、空氣污染物：指空氣中足以直接或間接妨害國民健康或生活環境之物質。

二、污染源：指排放空氣污染物之物理或化學操作單元，其類別如下：

（一）移動污染源：指因本身動力而改變位置之污染源。

（二）固定污染源：指移動污染源以外之污染源。

七、空氣污染防制區（以下簡稱防制區）：指視地區土地利用對於空氣品質之需求，或依空氣品質現況，劃定之各級防制區。

九、總量管制：指在一定區域內，為有效改善空氣品質，對於該區域空氣污染物總容許排放數量所作之限制措施。

十、總量管制區：指依地形及氣象條件，按總量管制需求劃定之區域。

第 40 條 各級主管機關得視空氣品質需求及污染特性，因地制宜劃設空氣品質維護區，實施移動污染源管制措施。

前項移動污染源管制得包括下列措施：

一、禁止或限制特定汽車進入。

二、禁止或限制移動污染源所使用之燃料、動力型式、操作條件、運
　　行狀況及進入。

三、其他可改善空氣品質之管制措施。

第一項移動污染源管制措施由直轄市、縣（市）主管機關擬訂，報中
央主管機關核定後公告之。

空氣污染防制法施行細則（民國 92 年 7 月 23 日行政院環境保護
署令修正發布全文 48 條；並自發布日施行）

第 16 條　本法第十六條第一項第一款所稱營建業主，指政府興建工
程編列預算之政府機關或民間投資興建公共工程之投資單位或其他各
類開發案件之工程起造人或負責人。

營建工程空氣污染防制設施管理辦法（民國 102 年 12 月 24 日行
政院環境保護署令修正發布）

第 7 條　營建業主於營建工程進行期間，其所使用具粉塵逸散性之
工程材料、砂石、土石方或廢棄物，且其堆置於營建工地者，應採行
下列有效抑制粉塵之防制設施之一：

一、覆蓋防塵布。

二、覆蓋防塵網。

三、配置定期噴灑化學穩定劑。

第 9 條　營建業主於營建工程進行期間，應於營建工地內之裸露地

表，採行下列有效抑制粉塵之防制設施之一：

一、覆蓋防塵布或防塵網。

二、舖設鋼板、混凝土、瀝青混凝土、粗級配或其他同等功能之粒料。

三、植生綠化。

四、地表壓實且配合灑水措施。

五、配合定期噴灑化學穩定劑。

六、配合定期灑水。

前項防制設施應達裸露地面積之百分之五十以上；屬第一級營建工程者，應達裸露地面積之百分之八十以上。

水污染防治法（民國 107 年 6 月 13 日總統令修正公布）

第 2 條　本法專用名詞定義如下：

二、地面水體：指存在於河川、海洋、湖潭、水庫、池塘、灌溉渠道、各級排水路或其他體系內全部或部分之水。

三、地下水體：指存在於地下水層之水。

五、水污染：指水因物質、生物或能量之介入，而變更品質，致影響其正常用途或危害國民健康及生活環境。

七、事業：指公司、工廠、礦場、廢水代處理業、畜牧業或其他經中央主管機關指定之事業。

八、廢水：指事業於製造、操作、自然資源開發過程中或作業環境所

產生含有污染物之水。

九、污水：指事業以外所產生含有污染物之水。

十、廢（污）水處理設施：指廢（污）水為符合本法管制標準，而以物理、化學或生物方法處理之設施。

十一、水污染防治措施：指設置廢（污）水處理設施、納入污水下水道系統、土壤處理、委託廢水代處理業處理、設置管線排放於海洋、海洋投棄或其他經中央主管機關許可之防治水污染之方法。

十二、污水下水道系統：指公共下水道及專用下水道之廢（污）水收集、抽送、傳運、處理及最後處置之各種設施。

噪音管制法（民國 97 年 12 月 3 日總統令修正公布全文 37 條；並自公布日施行）

第 3 條　本法所稱噪音，指超過管制標準之聲音。

第 9 條　噪音管制區內之下列場所、工程及設施，所發出之聲音不得超出噪音管制標準：

一、工廠（場）。

二、娛樂場所。

三、營業場所。

四、營建工程。

五、擴音設施。

六、其他經主管機關公告之場所、工程及設施。

前項各款噪音管制之音量及測定之標準，由中央主管機關定之。

第 11 條　機動車輛、民用航空器發出聲音，不得超過機動車輛、民用航空器噪音管制標準；其標準，由中央主管機關會同交通部定之。

機動車輛供國內使用者，應符合前項噪音管制標準，始得進口、製造及使用。

使用中機動車輛、民用航空器噪音管制項目、程序、限制、檢驗人員之資格及其他應遵行事項之辦法，由中央主管機關會同交通部定之。

6.2 船舶清潔能源

為因應地球溫室氣體效應對生態環境衝擊，國際海事組織（IMO）對海運船舶進行空污排放的管制計畫，特別是對使用石化燃料為動力的船舶，國際各造船業也研製以使用液化天然氣（Liquefied Natural Gas, LNG）為動力的下一代船舶，航運業用油成本高升，尋找替代燃料船成為產業新趨勢。

LNG 作為一種低硫排放且相對船用柴油具有成本效益的未來商用船舶燃料選項，激發了造船業的開發動機。有鑑於 LNG 燃料在船舶引擎設計、成本價格、環境保護等方面都具有較大優勢，航運業將逐步應用 LNG 作為船用燃料，未來 LNG 燃料有望獲得大量應用。

新加坡和韓國大型造船廠已在努力開發潛力打造新一代貨物運輸

船，以滿足將從 2020 年起開始執行的船隻空污排放新要求。國際海事組織已經宣布，自 2020 年將施行新的船隻排放標準，進而降低全球範圍內除北美及北歐硫化物排放控制區以外的海洋船舶燃料含硫量上限。

自 2015 年 1 月 1 日開始，北美及北歐硫化物排放控制區（ECA）內的船舶，船用燃料含硫量上限已從 1% 大幅提高至 0.1% 標準。受此影響，在這一地區，越來越多的船東已開始將焦點轉向使用 LNG 混合燃料的客貨船。

另船舶在港區停留時，轉換船上輔助動力，改用碼頭岸電（Alternate Marine Power，或稱 Cold Ironing、Shore power）設施，也是目前歐美港口所採用以減少船舶引擎的空氣污染物排放量的方式之一。

碼頭岸電的使用目的是：

1. 當船舶泊靠港口碼頭時，透過電纜聯接船上發電及岸邊供電設施，方便供電使用。

2. 提供船舶靠港時的船上輔助動力（如空調、照明、設施等）替換方式。

3. 由陸上發電廠提供動力，減少船舶燃燒燃油造成港區空污情形。

4. 減少船舶對海洋生態環境的衝擊。

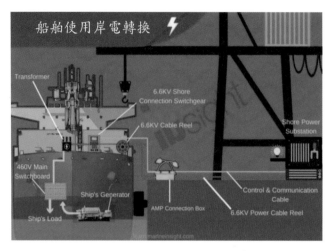

圖 6　港口碼頭的岸電設施 [1]

6.3 船舶污染管制

　　國際海事組織爲因應大型船舶汲取海上壓艙水（Ballast Water）以維持航行穩定，並依貨載調節排洩壓艙水作法，避免船舶任意排放不同地緣壓艙水，造成水源夾帶病菌與非原生種生物，影響海洋環境與生態平衡，於 2004 年訂定壓艙水公約，規範壓艙水排放標準與管理事宜，並於 2016 年生效，2019 年實施。

1　What is Alternate Marine Power (AMP) or Cold Ironing?
https://www.marineinsight.com/marine-electrical/what-is-alternate-marine-power-amp-or-cold-ironing/

　　為因應國際公約的生效，我國交通部公告採用國際海事組織（IMO）訂定「船舶壓艙水及沉積物管理國際公約」（壓艙水公約），並推動該公約內國法化，「船舶設備規則」及「商港港務管理規則」於 104 年 10 月陸續修正發布，規範我國籍船舶設置壓艙水處理設備及商港區域的壓艙水管理措施，以有效管理靠泊我國港口國際航線船舶壓艙水排洩行為。

　　在法制作業部分，交通部已於「船舶設備規則」增訂船舶壓艙水管理系統設置標準，並於「商港港務管理規則」增訂國際航線船舶進港須申報壓艙水交換與排放紀錄，禁止於港區內排洩未經處理的壓艙水，並協調環保署研議於「海洋污染防治法」管制未依壓艙水公約處理的壓艙水不得於我國領海範圍內交換或排洩，以建立完整的壓艙水管理法源。

　　在管理制度部分，交通部航港局要求船舶所有人及船長依壓艙水公約規定，落實壓艙水自主管理外，並由港口國管制員於船舶進港施行檢查時，依船舶壓艙水申報紀錄、管理設備及該船曾航經水域等條件，區分風險等級，施行不同強度檢查，以確保我國海洋環境。

高雄港船舶出港排放壓艙水

海洋污染防治法（民國 107 年 4 月 27 日行政院號公告本法之中央主管機關原為「行政院環境保護署」自 107 年 4 月 28 日起變更為「海洋委員會」管轄；屬「海岸巡防機關」之權責事項原由「行政院海岸巡防署及所屬機關」管轄，自 107 年 4 月 28 日起改由「海洋委員會海巡署及所屬機關（構）」管轄）

第 5 條　依本法執行取締、蒐證、移送等事項，由海岸巡防機關辦理。

主管機關及海岸巡防機關就前項所定事項，得要求軍事、海關或其他機關協助辦理。

第 11 條　各類港口管理機關應依本法及其他相關規定採取措施，以防止、排除或減輕所轄港區之污染。

各類港口目的事業主管機關，應輔導所轄港區之污染改善。

第 20 條　公私場所以船舶、航空器或海洋設施及其他方法，從事海洋棄置或海上焚化者，應向中央主管機關申請許可。

前項許可事項之申請、審查、廢止、實施海洋棄置、海上焚化作業程序及其他應遵行事項之管理辦法，由中央主管機關會商目的事業主管機關定之。

第 21 條　實施海洋棄置或海上焚化作業，應於中央主管機關指定之區域為之。

前項海洋棄置或焚化作業區域，由中央主管機關依海域環境分類、海洋環境品質標準及海域水質狀況，劃定公告之。

第 26 條　船舶應設置防止污染設備，並不得污染海洋。

第 27 條　船舶對海洋環境有造成污染之虞者，港口管理機關得禁止其航行或開航。

第 29 條　船舶之廢（污）水、油、廢棄物或其他污染物質，除依規定得排洩於海洋者外，應留存船上或排洩於岸上收受設施。

各類港口管理機關應設置前項污染物之收受設施，並得收取必要之處理費用。

前項處理費用之收取標準，由港口管理機關擬訂，報請目的事業主管機關核定之。

第 35 條　外國船舶因違反本法所生之損害賠償責任，於未履行前或有不履行之虞者，港口管理機關得限制船舶及相關船員離境。但經提

供擔保者，不在此限。

海洋污染防治法施行細則（民國 107 年 4 月 27 日行政院號公告本法之中央主管機關原為「行政院環境保護署」自 107 年 4 月 28 日起變更為「海洋委員會」管轄；屬「海岸巡防機關」之權責事項原由「行政院海岸巡防署及所屬機關」管轄，自 107 年 4 月 28 日起改由「海洋委員會海巡署及所屬機關（構）」管轄）

第 12 條　公私場所、船長或船舶所有人依本法第 16 條第 1 項、第 19 條第 1 項、第 24 條第 1 項或第 32 條第 1 項規定所為之通知，其內容包括下列事項：

一、報告人姓名、職稱、單位、場所。

二、污染發生來源、原因。

三、發生事故時間、位置或經緯度。

四、污染物種類及特性。

五、污染程度、數量及已採取措施。

六、氣象狀況及可能之污染影響。

七、緊急通知電話、傳真或其他聯絡方式

八、其他經中央主管機關指定之事項。

受通知機關就前項通知內容應作成紀錄。

第 13 條　公私場所、船長或船舶所有人依本法第 16 條第 1 項、第 19 條第 1 項、第 24 條第 1 項或第 32 條第 1 項規定所採取之措施，其內容如下：

一、提供發生海洋污染之相關設施或船體之詳細構造圖、設備、管線及裝載貨物、油量分布圖等。

二、派遣熟悉發生污染設施之操作維護人員或船舶艙面、輪機人員、加油人員處理應變，並參與各機關成立之緊急應變小組。

三、污染應變人員編組、設備之協調、調派。

四、污染物或油之圍堵、清除、回收、處置措施。

五、其他經主管機關或目的事業主管機關規定應採取之措施。

第 19 條 本法第 26 條有關設置船舶防止污染設備、第 27 條有關船舶對海洋環境有造成污染之虞者之認定、第 29 條有關船舶之排洩及第 30 條所稱船舶之適當防制排洩措施，依船舶法、商港法及航政主管機關之相關規定與國際公約或慣例辦理。

商港港務管理規則（民國 104 年 10 月 6 六日交通部令修正發布；民國 105 年 12 月 12 日交通部令發布第 3 條第 2 項、第 20 條第 8 款，定自 106 年 9 月 8 日施行）

第 3 條 船舶入港，應於到達港區 24 小時前，出港應於發航 12 小時前，由船舶所有人或其代理人據實填具船舶入港或出港預報表，載明航線、預定到達時間、吃水、船長、貨運種類、數量、船員與旅客人數、到達次一港及目的港等相關資料，國際商港應送航港局查核後，交由商港經營事業機構安排船席；國內商港應送航港局或行政院指定之機關（以下簡稱指定機關）查核後安排船席。但遇有緊急情況

時，得隨時申請緊急入出港。

國際航線船舶所有人或其代理人除檢附前項所定文件外，應另檢附投保船舶所有人責任保險之文件及壓艙水申報單（如附件）。

第 20 條　港區內之船舶及浮具，不得有下列之行為：

八、排洩未經處理之壓艙水。

 延伸討論

1. 商港區域內發生船舶或貨物污染事件時，其應變處置之指揮，依法應屬何單位權責，工作內容為何？

2. 綠色港口或生態港國際認證，除港口管理單位外，尚涉及那些單位，扮演角色為何？

3. 商港的污染來源除本身商港區域，還有那些污染種類，依法分工權責為何？

4. 國際海事組織對國際船舶污染控制訂有管制時程，試討論國內的相對因應作為。

有用的網路資源

1. **Air Pollution, Energy Efficiency and Greenhouse Gas Emissions, IMO**

   http://www.imo.org/en/OurWork/Environment/PollutionPrevention/AirPollution/Pages/Default.aspx

2. **Air pollution from ships**

   hhttps://www.transportenvironment.org/what-we-do/shipping/air-pollution-ships

3. **Air Pollution, Environmental Performance Index**

   hhttps://epi.envirocenter.yale.edu/2018-epi-report/air-pollution

4. **Ballast Water Management, IMO**

   hhttp://www.imo.org/en/ourwork/Environment/BallastWater Management/Pages/Default.aspx

5. **IMO Marine Engine Regulations**

   hhttps://www.dieselnet.com/standards/inter/imo.php

6. **MARPOL Annex VI – prevention of air pollution from ships**

   hhttps://ec.europa.eu/transport/sites/transport/files/modes/maritime/events/doc/2011_06_01_stakeholder-event/item2.pdf

7. **Paris MoU to Focus on Air Pollution from Ships**

   hhttps://worldmaritimenews.com/archives/252908/paris-mou-to-focus-on-air-pollution-from-ships/

8. **主管法規查詢系統，行政院環境保護署**

   hhttps://oaout.epa.gov.tw/law/LawQuery.aspx

9. **空氣品質監測網，行政院環境保護署**

   hhttps://taqm.epa.gov.tw/taqm/tw/default.aspx

10. **綠港政策主題網，臺灣港務股份有限公司**

    hhttps://www.twport.com.tw/gp/

臺中港客運碼頭與海峽號

 往來福建平潭及臺中港，那曾是歷史遙遠的距離，也曾埋著海峽深深的鄉愁，今日是和平與交流的橋樑，期望持續駛向美麗的新境界。

～～鄉音未改，朱顏已老～～

第七章　港口郵輪觀光

　　國際郵輪觀光是近年東亞地區興盛的海洋旅遊方式，也是國人新興的旅遊途徑，對商港而言也是一種新的港埠業務發展機會，除了提供船舶及旅客服務，以及透過郵輪行程的港口城市觀光吸引旅客之外，也衍生港口郵輪補給與觀光設施開發的多種可能商機，是港口新的商業模式發展的契機。

7.1 郵輪市場

　　郵輪（Cruise Ship），原本是指在海洋上固定航線、定期航行的大型客運輪船。現代所說的郵輪，實際上是指在海洋上航行的旅遊客輪，客輪上配置有安全要求高的生活與娛樂設施，提供休閒旅遊使用。現代郵輪本身就是旅遊目的地，其生活與娛樂設施就是海上旅遊行程的一部分，靠港上岸是為完成觀光行程。

　　郵輪產業（Cruise Industry）狹義是指以海上郵輪為主體，透過遠洋與環球航線的安排，以海上觀光旅遊為主題，提供旅客旅遊觀光、餐飲住宿、娛樂休閒等服務的海上旅遊產業。它是由交通運輸業、觀光及休閒業、旅遊業所交叉組合而成的產業。廣義是依價值鏈

將郵輪造船維修、港口郵輪碼頭、旅遊產品設計及郵輪補給服務等納入。

根據國際郵輪協會（CLIA）研究調查顯示，郵輪全球市場過去二十年來，每年平均以 7.2% 的速度穩定成長。其中，西太平洋是最近幾年來成長最快的市場，年成長率平均已達 8～9%，超越全球年平均成長率。隨著全球郵輪公司將發展重心逐步轉移至亞洲，已積極開發目前全球最具潛力的郵輪客源市場。

上海發布的「2017 中國郵輪產業發展報告」顯示，亞洲客源分布來看，中國大陸占 47.4%，為亞洲第一，臺灣占 11.1%，新加坡占 8.8%，日本占 8.6%，香港占 6.1%，印度占 6.0%。2016 年中國大陸超越德國成為全球第二大郵輪市場。全球郵輪市場的高速發展主要得益於亞洲郵輪市場的發展，而中國大陸是亞洲最大的郵輪客源市場。

不少國際郵輪公司推出「中國訂製」船型，將其最新船型首先投放中國市場，正是對中國市場的重視。為更好滿足中國消費者喜好，這些郵輪都將各種「中國元素」加入進去，將西方郵輪文化與中國傳統文化、消費習慣進行結合，以帶來更好消費體驗。未來，中國郵輪旅遊產品設計也將更加注重特色性與差異化。

過去十年，中國大陸市場完成了郵輪旅遊這一新旅遊業態的順利引入和培育，充分展示了中國旅遊強勁的消費力量，特別是中國大陸郵輪產業具有的全球戰略影響力；中國大陸郵輪的第二個十年，將是本土郵輪成長、航線產品優化、市場縱深拓展和產業結構升級以及經

濟影響深化的十年。

　　臺灣自 2017 年起是亞洲第二大郵輪客源市場，超越香港、新加坡及日本等國家，各大國際郵輪業者看好臺灣郵輪旅遊消費人口逐年增加，2017 年起包含麗星郵輪、公主遊輪、歌詩達郵輪等多家國際郵輪公司，開闢從基隆港及高雄港出發的母港航線，同步帶動基隆港及高雄港郵輪靠泊績效。

　　目前臺灣郵輪市場狀況，麗星郵輪、公主遊輪、歌詩達郵輪「三大郵輪」營運臺灣市場，公主遊輪與歌詩達郵輪都隸屬嘉年華集團，公主遊輪 2013 年即在臺灣成立分公司深度經營，視臺灣爲亞洲重要基地，合作銷售代理有 4 到 11 家旅遊業者，並傾向包船模式；歌詩達郵輪 2016 年底在臺灣成立分公司，追隨公主遊輪腳步，開始重視臺灣市場。

郵輪彎靠高雄港碼頭

　　郵輪經濟（Cruise Economy）是對停靠港口的經濟貢獻[1]，包括郵輪抵達港灣作業服務、安全檢查、行李處理、物資補充、加油服務、廢棄物處理及旅遊服務等。廣義上如再往城市及區域延伸，則增加旅遊接待相關行業，也是港口發展郵輪觀光的主要因素。

7.2 業務行銷

　　郵輪行銷管理是透過研究郵輪市場供需變化，以滿足郵輪旅客的需求為目標，開發合適的旅遊服務產品。

　　郵輪市場行銷有以下特色：

　　1. 顧客導向

　　由於郵輪服務的對象是人，一切經營活動必須以旅客需求為導向，針對不同區域、不同客層、不同特色來設計，透過滿足旅客需求來獲取利潤。

　　2. 管理導向

　　由於郵輪行程通常彎靠數個國家，其行銷對象及環境不同，對郵輪旅遊方式的認知，會隨文化、經濟、政治、地理、觀光資源而有差異。因此對旅遊產品、銷售通路、價格訂定、促銷方式等方案，需有

1　Economic Contribution of Cruise Tourism to the Destination Economies.
　　http://www.f-cca.com/downloads/2012-Cruise-Analysis-vol-2.pdf

效隨環境作動態的整合型管理。

3. 資訊導向

現代郵輪旅客享受服務主要在船上及海上航行，對客戶的服務特色是行銷的主要重點，因此市場的調查重點在對不同旅客作多元化需求深入調查，以進行接待、表演、餐飲、設施及行程的規劃設計，並及時更新訊息以吸引客戶。

由於亞洲郵輪市場的潛力，且郵輪旅遊產品不具儲存性，使郵輪業者在銷售郵輪產品時，除自行銷售外也透過旅行社代理銷售，在臺灣也有與港口合作進行包船或部分艙房的銷售方式。網際網路的行銷及銷售也是重要的輔助方式，透過旅遊協會、政府觀光單位等的鏈結，擴大宣傳產品及郵輪活動訊息。

對於亞洲及臺灣旅客，相較歐美地區，郵輪旅遊是剛起步發展的市場，郵輪公司主要透過旅行社進行銷售，對旅行社提供宣傳資料、參觀及搭乘便利、辦理研討會等，都是促進銷售郵輪產品的方式。政府及港口對推廣臺灣郵輪業務活動，也透過國內外媒體、旅遊展、觀光資源整合、簡化入出境程序、獎勵來促進發展。

我國行政院 106 年 3 月公布為充分發揮我國郵輪產業發展潛力，交通部積極拓展臺灣郵輪業務之策略及作法如下：

1. 加強港口國際行銷

積極參與國際郵輪論壇及各項活動、共同投入年度最具規模「邁阿密郵輪展」的行銷活動，推展我港群資源及觀光特色，吸引國際郵

輪來臺灣靠；與 Seatrade Cruise Review、Kaiji Press 等國際媒體合作，增加我港口國際曝光度。

2. 共同宣傳郵輪觀光魅力

105 年 8 月推出郵輪微電影，與各縣市政府合作，於高捷、台鐵、有線電視等媒體平台播出，並於那霸港、神戶港等亞洲港口及公主郵輪等主要來臺郵輪播放，吸引國際郵輪旅客來臺。

3. 培養臺灣客源市場

偕同郵輪業者推廣行銷各港郵輪行程，例如 2017 年麗星郵輪及公主遊輪高雄母港首航慶祝活動等，增加郵輪旅遊產品吸引力。

4. 爭取 Fly-Cruise（搭乘飛機抵臺，續搭乘國際郵輪來回，再搭飛機返國）客源

推廣「船進機出」或「機進船出」海空聯運，吸引國際旅客來臺；106 年 3 月起實施「國際客船優惠促銷專案」，多元管道推廣臺灣郵輪業務；與郵輪業者合作，赴日本、東南亞等國行銷來臺郵輪產品；港口及機場管理單位成立「海空結盟工作小組」，提升服務旅客軟硬體設施，並加速通關與退稅服務，建構友善旅遊環境。

5. 提供完善交通服務

與各地方政府合作，如免費捷運二日票、規劃「機場—市區—碼頭」套裝觀光行程、設計郵輪旅客專屬優惠套票、聯合地方政府市姊妹城市共同行 Fly-Cruise 渡假行程等。

6. 持續發展基隆高雄郵輪雙母港

基隆港郵輪業務穩定成長，將複製其發展模式，打造高雄港成臺灣另一個郵輪母港。

7. 強化區域合作

推動亞洲郵輪聯盟（Asia Cruise Cooperation, ACC），串聯菲律賓、香港、海南、廈門等地區共同行銷，加強吸引國際郵輪公司未來安排到成員國港口航班，以擴大亞洲郵輪市場規模。

8. 簡化簽證辦理程序

為提升港澳居民來臺搭乘郵輪旅遊的意願，內政部自 106 年 1 月 1 日起，擴大開放港澳居民來臺搭乘郵輪，申辦網簽可選擇 1 次列印 1 張 2 證，供 2 次入出境使用，讓辦證更為縮時便利。

港口歡迎郵輪旅客迎賓活動

7.3 港口後勤業務

郵輪旅遊主要是在海上巡航提供旅客觀光體驗，船員及旅客數比一般客輪爲多，因此彎靠港口時，有些旅客參加岸上觀光行程，有些旅客停留船上休閒活動，也有部分旅客轉換行程方式，對郵輪公司在不同國家港口停靠時會產生行李儲轉、食物補給、廢棄物清運、污染防治等問題，郵輪公司需依當地法令及港口規定作業，避免造成船舶及旅客滯留碼頭。

基隆港郵輪補給作業

郵輪後勤作業（Cruise Lines Logistics）[2]，泛指郵輪在計畫行程中的船舶各項物資補給採購及處理作業。由於現行國際郵輪公司總部在

2　Cruise Line Logistics & Hospitality Services.
　　http://uslcargoservices.com/cruise-lines/

歐美地區，對亞太地區的船舶補給因涉及餐飲的品質、時效及價格等因素，會預為審慎評估並選定配合契約承包商，由於每航次郵輪旅客及船員人數眾多，郵輪彎靠港時如再進行補給採購，對當地經濟將有相當促進作用。

　　郵輪在港口的後勤作業主要為：船舶修理或船上設備用品採購、日常生活用品補給、旅客後送行李儲放、免稅商品採購、旅客醫療後送處理、船上生活廢棄物岸上處理、船舶污水處理、第三國採購貨物通關或檢疫申請等。

基隆港郵輪旅客行李託運作業

　　一般國際郵輪將彎靠港口定位為郵輪母港作業時，因有航線起訖點功能，有旅客大量行李託運及儲放需求，郵輪客運碼頭需配置一定

空間進行旅客行李收受提領作業，郵輪停泊位置需提供旅客往其他交通設施的接駁運送服務。後勤作業又以郵輪停靠時間進行船上食品補給及廢棄物處理最為重要，為避免影響下一航次旅客服務，相關文書申請及採購運送驗收作業，均預為規劃執行。

簡化國際郵輪商店銷售貨物通關作業規定（民國 107 年 3 月 22 日財政部關務署令民國 107 年 3 月 28 日生效）

一、為簡化國際郵輪商店銷售貨物通關作業，特訂定本作業規定。

二、本作業規定所稱國際郵輪，指搭載旅客進出國境，並靠泊本國港口之郵輪。

三、本作業規定適用貨物之範圍為自國外運送至本國，轉於郵輪商店銷售之貨物。

入境旅客攜帶行李物品報驗稅放辦法（民國 107 年 2 月 6 日財政部令修正發布第 4 條條文）

第 3 條 為簡化並加速入境旅客隨身行李物品之查驗，得視實際需要對入境旅客行李物品實施紅綠線或其他經海關核准方式辦理通關作業。

第 4 條 入境旅客攜帶行李物品，其免稅範圍以合於其本人自用及家用者為限。

入境旅客攜帶自用之農畜水產品、菸酒、大陸地區物品、自用藥物、環境及動物用藥應予限量，其項目及限量，依附表之規定。

第 10 條　旅客隨身行李物品以在入境之碼頭或航空站當場驗放為原則，其難於當場辦理驗放手續者，得由旅客自行加鎖，並由海關摯給收據，經加封後暫時寄存於海關倉庫，由旅客本人或其授權代理人，於入境之翌日起一個月內，持憑海關原發收據及護照、入境證件或外僑居留證，辦理完稅提領或退運手續，必要時得申請延長一個月。

前項完稅提領或退運手續由代理人辦理者，應持同其身分證明文件及該旅客委託書。

港埠檢疫規則（民國106年10月17日衛生福利部令修正發布第8、11、42條條文；並自發布日施行）

第3條　國際港埠之檢疫單位為衛生福利部疾病管制署；國內港埠之檢疫單位為所在地之地方主管機關。

第5條　國際港埠經營管理機關（構）應會同檢疫單位組成工作小組或會報，協調各機關（構）、公、民營事業機構，以確保該港埠具備下列能力：

一、提供旅客適宜醫療服務。

二、提供旅客安全衛生環境，包括飲水、食物、盥洗、廢棄物處理、室內空氣品質及病媒管制。

三、對可能構成國際關注公共衛生突發事件，及時為適切之應變。

第11條　船舶於駛離國際港埠前，應經檢疫單位許可，始得辦理出港及結關申報手續。

檢疫單位依第9條通報內容，認為船舶無散播傳染病之虞時，得於許可入港時，一併許可其出港。

植物防疫及檢疫執行辦法（民國104年5月25日行政院農業委員會令修正發布全文18條；並自發布日施行）

第 10 條　來自國外之車、船、航空器或其他運輸工具所載殘留之植物或植物產品，或其他未依本法規定申請檢疫之植物或植物產品，不得起卸著陸；著陸者，應予以銷燬。

植物防疫檢疫法施行細則（民國104年12月3日行政院農業委員會令修正發布第5條條文）

第 16 條　本法第17條第1項所稱港、站，指檢疫物抵達我國時之卸貨港、站或經植物檢疫機關核准之通關港、站。

 延伸討論

1. 國際郵輪公司的行銷方式與一般旅遊有何差異？網路訂郵輪行程與實體旅行社服務有何差別？

2. 臺灣發展國際郵輪業務，如何藉各種通路向國內外旅客推廣？

3. 郵輪在港口作業時不同於一般貨輪，需要大量生活日用品補給，也產生大量廢棄物處理問題，這涉及那些管理機關與法規？

4. 以基隆市為例，如何吸引國外郵輪旅客多停留在地觀光，試從行銷的不同方法舉例。

有用的網路資源

1. **Cruise Control**

   http://www.inboundlogistics.com/cms/article/cruise-control/

2. **Cruise Industry News**

   https://www.cruiseindustrynews.com/

3. **Cruise Lines International Association**

   https://cruising.org/

4. **Cruise line logistics & hospitality services**

   http://uslcargoservices.com/cruise-lines/

5. **Cruise Market Watch**

   https://www.cruisemarketwatch.com/

6. **Cruise marketing top 10 greatest moments**

   https://www.cruisemarketwatch.com/articles/cruise-marketing-top-10-moments/

7. **World Cruise Industry Review**

   http://www.worldcruiseindustryreview.com/

8. **交通部觀光局推動境外郵輪來臺獎助要點**

   http://admin.taiwan.net.tw/upload/law/20180424/99c52088-ca54-45da-a696-81af2e536db9.pdf

9. **台灣國際郵輪協會**

http://www.icctw.com.tw/(X(1)S(i2twhvsrxk30ducue5myvirp))/index.as
px?AspxAutoDetectCookieSupport=1

10. **郵輪公司不會告訴您的10件事，大紀元報**

http://www.epochtimes.com/b5/13/6/15/n3894910.htm

11. **臺灣港務股份有限公司郵輪專區**

https://www.twport.com.tw/chinese/cp.aspx?n=92B947729C0DC8CF

12. **臺灣郵輪產業化發展策略，行政院**

https://www.ey.gov.tw/Page/448DE008087A1971/06cd622f-25ff-49e9-
b233-865e859ad642

13. **臺灣發展郵輪產業的可行性及策略之評估分析**

https://www.npf.org.tw/2/12512

高雄港蓬萊港區郵輪

船舶承載的不只是貨物,有時是歡樂的記憶,每一個靠泊的港口都是不同城市的印象、海洋的味道,飄洋過海都是為了來看你。

～～記得有約,在海天相連的水平面～～

第八章 港口休閒旅遊

　　臺灣的商港過去受法令限制是屬於管制區域，近年因產業轉移及貨物運輸方式的改變，以及民眾對海洋觀光需求增加，舊港區進行空間使用改造，引進不同運輸的商業模式，對原有商港的資產運用及招商開發是一大改變。港口除原有運輸功能外，如何結合海洋教育、發展觀光、提供休閒及增加收益，成為新的課題。

8.1 港口海洋文化

　　港口是水陸運輸的交會地點，也是多數人認識、運用海洋的起點，臺灣的各國際商港多為綜合型港口，商港內尚有軍港、漁港等共用航道與水域。商港主要是提供國內外通商船舶進行客貨運輸作業服務，一般民眾較少對於港口與船舶在海洋運輸扮演之角色有較深的認識。國內著名航運企業如陽明海運在基隆與高雄設有海洋展覽館，進行公司歷史介紹、各類船舶展覽、文化藝術活動等，長榮海運、中國航運也設有海事館定期辦理活動，國外港口也有港史館、海洋航運館等類似文化教育設施，其功能不同於一般民間的海洋休閒遊樂設施。

陽明基隆海洋文化藝術館

陽明高雄海洋探索館

　　隨著商港近年進行港市介面的建設整合及舊港區功能更新，各國港口功能除了原有運輸物流外，也增添文化教育及觀光休閒功能。

表 4　東亞主要海事博物館

臺北長榮海事博物館 https://www.evergreenmuseum.org.tw/content/news/news_all.aspx
基隆國立海洋科技博物館 http://www.nmmst.gov.tw/chhtml/default
陽明基隆海洋藝術館 http://www.ocam.org.tw/
陽明高雄海洋探索館 http://www.mome.org.tw/
上海中國航海博物館 http://www.shmmc.com.cn/home/index.aspx
寧波中國港口博物館 http://www.portmuseum.cn/
香港海事博物館（Hong Kong Maritime Museum） http://hkmaritimemuseum.org/chi/
日本神戶海洋博物館（KOBE Maritime Museum） http://kobe-maritime-museum.com/language/chinese.html
釜山韓國國立海洋博物館（Korea National Maritime Museum） http://www.knmm.or.kr/chi/main/main.aspx
新加坡海事博物館（The Maritime Experiential Museum） https://www.sentosa.com.sg/Explore/Attractions/Maritime-Experiential-Museum

　　海洋文化[1]是指與海洋活動相關的人類生存方式和精神現象，包括器物、制度、風俗習慣與價值四個不同層次。海洋文化產業是指生

1　李思屈等著，海洋文化產業，浙江大學出版社，2015，第 1 頁。

產和傳播海洋文化內容的文化產業類別，狹義的「海洋文化產業」是指開發海洋自然資源和文化資源，例如海洋飲食文化、漁業文化、海洋藝術表演、海洋旅遊、海洋節慶活動等；廣義的「海洋文化產業」則泛指一切與海洋文化相關的文化產業類別，例如對海洋經濟具有文化提升功能的海洋產品設計、行銷傳播、海洋產業品牌設計等。

臺灣國際商港也逐步與中央、地方政府及業者合作進行海洋旅遊（郵輪、遊艇），海洋文化娛樂（文創、藝文活動），未來可進一步結合周邊港區閒置倉庫及土地開發，以港口商貿為核心，結合漁業及船舶產業等開發海洋特色。

8.2 港口特色旅遊

各地都重視海洋觀光資源的開發，特別是擁有港口、島嶼、海岸線的地區，這些地區的海灘、海鮮、海景都滿足人們休閒與回歸自然的需求，尤其是各國各地區的風情民俗不同，更促進人們對旅遊的重視與需求。

以港口為核心的旅遊方式，國際上大致有以下幾個類別：

1. 休閒漁業

港口通常是商漁共用航道（出海口），鄰近設有漁市及漁貨加工廠，對旅客體驗而言是嚐鮮，特別是當地當令時節的漁獲，有時地方節慶活動、漁獲技術歷史、作業機具演進等，亦是地方文史的重要觀

光展示重點。

2. 郵輪旅遊

港口是郵輪起訖或中途彎靠地點，源自歐美的海上旅遊方式，主要享受船上遊樂設施及餐飲，並至各地港口體驗不同民情風景，也是亞洲新興的港口旅遊方式。

3. 經貿活動

港口是重要的貿易與運輸節點，港口與所在城市會辦理各項海事、船舶、物流等的研討會或展覽，會吸引各地商旅到訪並順道進行旅遊。

4. 自然生態

港口周邊海域及島礁，通常擁有特殊動植物生態，透過保育導覽方式，可吸引旅客進行不同的海上、登島、潛水等海洋觀光活動。

5. 運動賽事

港口及周邊水域因舉辦水上運動賽事，特別是國際性、定期性比賽，例如帆船、釣魚類賽事，會湧入各地運動員與觀賞旅客進行旅遊活動。

6. 休閒購物

港口所在城市如當地政府設有外籍旅客購物免稅區，特別由於港口是周邊鄰近國家的交通轉運地點，旅客亦樂於進入此類自由港市進行各類活動。

高雄港水陸觀光車

　　臺灣商港近年亦進行港區景觀改造、活化資產的動作，例如臺灣
港務公司花蓮分公司為打造特色花蓮港親水遊憩區，從景觀橋的改建
逐漸吸引賞景人潮，帶動周邊餐廳、咖啡廳業者參與營運，發起藝術
家接力創作活動，港口航道旁沿線放置大型戶外藝術品的藝術廊道。

　　海港除了迎面的風、海堤、船舶、蔚藍海洋交織的港灣意象，還
可以看到一系列精彩的環境藝術作品，進而駐足遊賞，留下難忘的美
感體驗和花蓮港印象。花蓮港親水遊憩區也展現全新的風貌，打造一
個兼融自然和人文特色的旅遊新地標。

花蓮港內港航道藝術廊道

8.3 港市結合發展

　　港口城市濱海地區往往是非常珍貴的地段，富有前人登陸開拓之歷史文化古蹟，船舶運輸及貿易產業聚落，圍繞港埠的鐵公路便利民眾及貨物的交通運輸，港口臨海的景觀也展現海濱城市特殊的觀光特色，紐約、新加坡、香港、雪梨等國際港都，皆因風格特異的臨港濱海特色吸引世界各地旅客。

　　國外港市濱海空間指城市一個特定空間區域，包括與海域毗鄰的土地與建築物，鄰近大海的部分，亦可稱為都市濱海區，包括陸域、海岸線及水域。臺灣過去依商港法劃定各商港區域所在位置恰好為都

市主要濱海水域，有國防及地理的歷史與特殊作業需求背景，今日隨產業發展、運輸方式改變、環保要求，使對港區土地使用功能產生改變的期待。

港市一般濱海空間常見的特色是：

1. 濱海城市是人與海洋的生活互動空間，維持一定的自然景觀，例如香港海岸線長，四季氣候穩定，港口運輸貿易產業、國際城市觀光旅遊業都發揮支撐香港國際港都的重要角色。

2. 開闊的水域空間，便利的水陸交通設施，使得城市濱海地區不同於內陸封閉地區，例如新加坡的濱海灣地區（Marina Bay）[2]，可容納商業及文化藝術設施，便利的公共交通系統使民眾易於洽公觀光。

3. 有豐富的水域資源，擁有大量成本低廉的荒地和沙灘，提供城市開發拓展空間，除了自然的地理環境外，也有豐富的海洋文化節慶活動等，例如上海的崇明島。

港口與城市的濱海區域或水岸合作開發，由於港口碼頭資源有限（是社會稀有財），在地理要考量海岸線的環境差異，以及濱海土地使用限制、交通設施便利性，同時港口所在地區的獨特天然景觀、歷

2　Marina Bay, Singapore.
　　https://www.ura.gov.sg/Corporate/Get-Involved/Shape-A-Distinctive-City/
　　Explore-Our-City/Marina-Bay

史文化、特色餐飲、風俗活動等，建立港市的品牌特色與國外的差異性。

　　近幾年來，高雄港區舊港區周邊區域發展熱絡，在開發管理上，臺灣港務股份有限公司及高雄市政府思考如何開發與轉型高雄舊港區周邊區域，合作成立高雄港區土地開發股份有限公司，規劃時更可以通盤考量，港口與城市緊密合作，達到土地利用最大價值。

高雄港亞洲新灣區遊艇俱樂部

高雄港棧二庫文創園區

 延伸討論

1. 國際商港開放部分區域供觀光遊憩使用，試討論有那些途徑可增加港口的本業以外營運收入。

2. 商港區域範圍內土地使用受商港法與土地法、國有財產法相關法規的使用限制，進行營業招商開發時，有那些中央與地方法規需遵守？

3. 國外有那些舊港區改造經驗，試以港區土地使用與景觀爲例進行討論。

4. 請選擇任一臺灣國際商港爲例，以訪客角度進行規劃不同交通方式連接拜訪港區，並與現況作比較及提出改善建議。

有用的網路資源

1. **Marina Bay, Singapore**

   https://www.ura.gov.sg/Corporate/Get-Involved/Shape-A-Distinctive-City/Explore-Our-City/Marina-Bay

2. **New York City Comprehensive Waterfront Plan**

   https://www1.nyc.gov/site/planning/plans/vision-2020-cwp/vision-2020-cwp.page

3. **Port reform in Singapore: Towards privatization?**

   https://www.researchgate.net/publication/281367117_Port_reform_in_

Singapore_Towards_privatization

4. **Urban Revitalization and Reconversion of Old Port Areas**
   http://www.claudioacioly.com/downloads/keynotes/Acioly_Inner%20
   City%20&%20Port%20Redevelopment_ENG.pdf

5. **The role of open spaces and greenery to the appropriation of port zones**
   https://www.researchgate.net/publication/281445848_The_role_of_
   open_spaces_and_greenery_to_the_appropriation_of_port_zones

6. **Witness Tanjong Pagar Transformation into the next Waterfront City**
   http://www.eonatshenton.com/Case-Study/Tanjong-Pagar-The-Next-
   Waterfront-City/

7. 水陸觀光車，港都客運
   http://www.gdbus.com.tw/

8. 高雄港區土地開發股份有限公司
   http://www.kpld.com.tw/

9. 紅毛港文化園區
   http://hongmaogang.khcc.gov.tw/home01.aspx?ID=1

10.駁二藝術特區
   http://pier-2.khcc.gov.tw/home01.aspx?ID=1

11.棧貳庫
   https://www.kw2.com.tw/

12.港務公司操刀　高港變身
   https://udn.com/news/story/7241/3165894

蘇澳港蘇花線麗娜輪

美麗的臺灣東海岸，藏在後山之中，爲了與你相遇，來往花蓮與蘇澳港之間，快輪輕輕滑過太平洋海面，當雲朵飄來窗前，思念也已悄然而到。

～～港口是旅行的終點，或是另一個開始～～

第九章 港口遊艇服務

臺灣是世界主要遊艇製造外銷產地，隨著國民經濟所得成長及進行海上活動程序簡化，國人購置及使用遊艇進行海洋娛樂的機會增多，也衍生遊艇的停靠、維護及營運管理需求，對臺灣海洋及港口產業是一項新興的市場需求，特別需要參考國外經驗，以因應本地的發展。

9.1 遊艇碼頭

遊艇產業除遊艇製造關聯產業外，也涉及遊艇後勤服務產業及海洋觀光產業，不論是製造下水試車、展售、自用或提供承租服務，都需要合適及充足的遊艇碼頭。臺灣雖為遊艇製造王國，每年外銷世界各地，但在發展國內以遊艇進行的海上旅遊活動時，遊艇通常散布在漁港及商港臨時泊位，與商、漁船競爭碼頭位置，並不利於遊艇觀光及後勤服務業的發展。

近年各地方政府、觀光局都已在漁港或濱海風景區設置遊艇專用碼頭，惟都離市區交通較遠、未形成遊艇產業聚落，對港口運用閒置水域發展遊艇服務及海上旅遊是一大契機。

高雄哨船頭遊艇碼頭 1

高雄哨船頭遊艇碼頭 2

臺灣東北角遊艇港泊位及服務設施 [1]

1. 龍洞遊艇港：位於龍洞四季灣，浮動泊位 54 席、岸置泊位 37 席（另 70 席興建中），另壁靠泊位供臨時停泊。服務設施：提供水電、上下架、遊艇租用、船席出租、遊艇管家、動力小船駕訓。管理單位：龍洞四季灣。

2. 碧砂漁港遊艇碼頭：浮動泊位 61 席，另壁靠泊位供臨時停泊，碼頭供水電。管理單位：昇鴻國際遊艇碼頭顧問管理中心。

3. 烏石漁港遊艇碼頭：浮動泊位 30 席，碼頭供水電。管理單位：宇岳遊艇有限公司。

嘉義布袋遊艇港泊位及服務設施 [2]

布袋遊艇港座落於嘉義縣布袋鎮以西濱海地區，位於布袋鎮第一期海埔新生地北側，西南側鄰布袋國內商港，東北側隔 60 公尺航道與布袋第三漁港相鄰，合稱布袋三港。布袋遊艇港現有港區水域泊地面積約 5 公頃，陸域土地面積約 6.7 公頃，距西濱快速道路布袋港交流道約 200 公尺，遊艇港碼頭長度 459 公尺，基地面積約 5.3 公頃，

1　碧砂─龍洞─烏石航線遊艇遊程，東北角暨宜蘭海岸國家風景區。
　　https://www.necoast-nsa.gov.tw/user/Article.aspx?Lang=1&SNo=03010836
2　雲嘉南濱海國家風景區。
　　https://swcoast-nsa.travel/zh-tw/attraction/details/303

遊客服務中心一棟面積 450 坪，景觀綠地約 6 公頃。可停泊小型遊艇 100 艘，中大型遊艇 100 艘，合計可停泊遊艇 200 艘，陸域區可停放大客車 12 輛，小客車 26 輛，遊艇 200 艘。其配置附屬設施，如服務遊憩區、遊艇碼頭區、自然景觀區、淺岸活動區、濱海活動區等設施，發展布袋港為觀光碼頭，提供海上旅遊之交通遊憩服務。

墾丁後壁湖遊艇港泊位及服務設施 [3]

後壁湖遊艇港位於臺灣南端之南灣與貓鼻頭間，距恆春市中心區約 8 公里，位置適中，基地及水上泊位面積約 5,966 公頃，本港區分為陸地設施及水域船艇泊位兩區，陸地設施包括遊客中心、商店、停車場三個主要配置，另外尚有環港道路、陸上置艇區、入口廣場、公廁、邊坡植栽區等附屬配置，其中除遊客中心地上一層，停車場由管理站自行使用管理外，其餘附屬配置設施採出租方式營運。水域泊位之經營管理，亦採招商出租營運方式辦理。

遊艇入出境關務檢疫安全檢查程序辦法（民國 100 年 10 月 6 日交通部令訂定發布全文 8 條；並自發布日施行）

第 2 條　遊艇入出國境涉及關務、入出境、檢疫及安全檢查之程序由航政機關受理通報，航政機關於受理後，應轉通報關務、入出境、

3　墾丁國家公園。

　http://www.ktnp.gov.tw/cp.aspx?n=A19BC236DAE01941

檢疫、安全檢查相關機關及港灣口岸管理機關（構）。

有關關務、入出境、檢疫、安全檢查及港灣口岸之管理、申報及檢查事項，應依港灣口岸管理機關（構）及關務、入出境、檢疫、安全檢查主管機關之法令規定辦理。

非中華民國遊艇，除經中華民國政府特許或為避難者外，不得在中華民國政府公告為國際商港以外之其他港灣口岸停泊。

第 5 條　遊艇完成入境之關務、入出境、檢疫及安全檢查相關手續後，繼續航行靠泊我國其他經許可之港灣口岸者，除涉及出境者外，得不再辦理關務、入出境及檢疫作業。

第一類漁港遊艇停泊費收費標準（民國 104 年 5 月 14 日行政院農業委員會令訂定發布全文 4 條；並自發布日施行）

第 2 條　使用第一類漁港遊艇停泊費，其每日收費基準如下：

一、浮動碼頭以船席計算：

（一）10 公尺：新臺幣 400 元。

（二）15 公尺：新臺幣 600 元。

（三）18 公尺：新臺幣 720 元。

（四）20 公尺：新臺幣 800 元。

（五）30 公尺：新臺幣 1,500 元。

二、岸壁碼頭以船舶全長（Length Overall, LOA）計算，且長度以公尺為最小單位，未滿 1 公尺者，以 1 公尺計：

（一）10 公尺以下：新臺幣 200 元。

（二）超過 10 公尺至 20 公尺以下：每公尺新臺幣 20 元。

（三）超過 20 公尺至 30 公尺以下：每公尺新臺幣 25 元。

（四）超過 30 公尺至 50 公尺以下：每公尺新臺幣 35 元。

（五）超過 50 公尺：每公尺新臺幣 50 元。

前項收費，其停泊未滿 1 日者，以 1 日計。

9.2 遊艇服務

　　港口在規劃遊艇碼頭時，除依船型及大小設計泊位外，遊艇由於亦屬高價值動產，除了進出港活動外，平日在港口靠泊時需有相關軟硬體配套設施提供船主進行保養維護或由遊艇俱樂部（Yacht Club）代為管理。由於遊艇的駕駛需有航海知識及執照，動力小船駕駛訓練班亦需要訓練水域及船舶泊位以供訓練使用。

　　遊艇俱樂部通常向政府機關（構）承租濱海水域及陸域，採取會員制收取參加之入會費（封閉型需會員推薦加入，開放型依各自約定參加），並辦理教育訓練、社區活動、旅遊安排、喜慶宴會等，遊艇服務在設施一般有提供：

　　1. 空調設備（Air Conditioning）。

　　2. 船舶維修（Boat Maintenance）。

　　3. 船員訓練（Crew and Captain Training）。

4. 電子器材（Electronics）。

5. 引擎服務（Engine Servicing）。

6. 防火系統（Fire Systems）。

7. 造船及海事諮詢（Naval Architecture & Marine Consultancy）。

8. 室內裝潢（Upholstery）。

9. 遊艇管家及清潔（Yacht Valet & Cleaning）。

10.燃料及用水（Fuel & Water Supply）。

11.遊艇出租或出售（Yacht Rent & Sale）。

12.船舶保安（Ship Security）。

高雄港遊艇俱樂部 1

高雄港遊艇俱樂部 2

遊艇管理規則（民國 107 年 7 月 13 日交通部令修正發布第 8、9、19、20、29、30、33、40 條條文及第 6 條條文之附件 1、第 42 條條文之附件 6）

第 2 條　本規則用詞，定義如下：

一、動力帆船：指船底具有壓艙龍骨，以風力爲主要推進動力，並以機械爲輔助動力之遊艇。

二、整船出租之遊艇：指遊艇業者所擁有，提供具備遊艇駕駛資格之承租人進行遊艇娛樂活動之遊艇。

三、俱樂部型態遊艇：指社團法人所擁有，只提供會員使用之遊艇。

四、驗證機構：指財團法人中國驗船中心及其他具備遊艇適航性認證能力且經主管機關認可並公告之國內外機構。

第 3 條　遊艇每次發航前，遊艇駕駛應落實航行前準備，始得出港航行。

第 39 條　遊艇所有人應自行認定船籍港或註冊地。

遊艇不得與註冊或登記在先之船舶同名。

第 47 條　遊艇所有人應投保責任保險，遊艇乘員每一個人身體傷亡最低保險金額不得低於新臺幣 2 百萬元。未投保者，不得出港。

遊艇與動力小船駕駛管理規則（民國 107 年 3 月 28 日交通部令修正發布全文 37 條；並自發布日施行）

第 2 條　本規則用詞定義如下：

一、遊艇駕駛執照：指駕駛遊艇之許可憑證。

二、自用動力小船駕駛執照：指駕駛自用動力小船之許可憑證。

三、營業用動力小船駕駛執照：指駕駛營業用動力小船之許可憑證。

四、一等遊艇駕駛：指持有一等遊艇駕駛執照，駕駛全長 24 公尺以上遊艇之人員。

五、二等遊艇駕駛：指持有二等遊艇駕駛執照，駕駛全長未滿 24 公尺遊艇之人員。

六、營業用動力小船駕駛：指持有營業用動力小船駕駛執照，以從事客貨運送而受報酬為營業之動力小船駕駛。

七、二等遊艇與自用動力小船駕駛學習證：指遊艇與動力小船學習駕駛之許可憑證。

八、遊艇與動力小船駕駛訓練機構：指經主管機關許可之遊艇與動力
　　小船駕駛訓練機構。

第 6 條　遊艇與動力小船駕駛之年齡應符合下列規定：

一、遊艇駕駛、自用動力小船駕駛：滿 18 歲。

二、營業用動力小船駕駛：滿 18 歲，未滿 65 歲。但合於體格檢查標
　　準且於最近 1 年內未有違反航行安全而受處分紀錄者，得延長至
　　年滿 68 歲止。

三、遊艇與動力小船助手：滿 16 歲。

四、二等遊艇駕駛與自用動力小船學習駕駛：滿 18 歲。

9.3 大陸港口案例

　　1660 年，英國查爾斯二世繼承王位時，荷蘭人呈獻一艘具有遊
艇意義的皇家狩獵漁船，名叫「YCAHT」，成為今日遊艇的語文起
源，王公大臣紛紛改裝船舶，從此開始有了供遊樂用的帆船[4]。19 世
紀英國人把蒸氣機和螺旋槳用在遊艇上，到了 20 世紀，現代工藝的
動力和通訊機器都放置在遊艇上，而遊艇的內裝，因各個船主的嗜好
及工藝程度呈現不同的特色，成為奢華品的另一代名詞。

4　顧一中主編，遊艇郵輪學，華中科技大學出版社，2012，第 23 頁。

上海北外灘遊艇碼頭

上海黃浦江遊艇碼頭

　　中國大陸近年與日韓已為世界主要商業船舶製造國，對運動休閒使用之帆船、遊艇開始從製造、建設、管理上摸索發展。

　　大陸遊艇的使用發展，對其船舶因涉及駕駛技術、航行安全、環境保護等，2006年「國家海事局」訂有「關於加強遊艇管理的通知」，2009年「交通部」訂有「遊艇安全管理規定」。沿海地區如深圳市2009年訂定「深圳市加快郵輪遊艇產業發展若干措施」，福建省2009年訂定「福建沿海遊艇操作人員培訓、考試和發證管理辦法」，按照遊艇業的特點及其發展依法管理監督、船舶檢驗、規劃專用水域、航行停泊規定、防治污染環境、日常維護、應變。

　　上海市是中國大陸主要的遊艇使用地區，早期由在滬的西方商人引進娛樂使用，近代則配合商務、社交及娛樂等多方面的需要，集餐飲、住宿、停泊、維修保養、補給及駕駛訓練等功能於一體的遊艇俱樂部應運而生，目前較為普遍的經營方式是透過會員制吸引會員加入，以維持正常穩定的消費群體。遊艇俱樂部營運型態主要有運動娛樂型、家庭休閒型、商務型等，俱樂部的管理方式有制定會員章程、確定收費標準、管理運作組織架構、有關行銷措施等。

 延伸討論

1. 遊艇在港有涉及船舶監理申報、簡易維修、油水及日用生活品補給、船上廢棄物清運、活動行程安排等，試分析其後勤維運的市場可行性及內容。

2. 發展遊艇產業提高民眾使用意願，在遊艇泊位供給上是一重要因素，漁港、遊艇港及商港有那些差異？

3. 遊艇管家扮演何種角色？應具有那些才能，試分析培育方式。

4. 遊艇俱樂部可採取那些經營方式？可提供營運服務以收取費用，試討論。

有用的網路資源

1. **Berthing Tariffs in Marina Lanzarote**

   https://www.caleromarinas.com/en/marina-lanzarote/marina/tariffs/

2. **Cyprus Yachting, Berth Tariffs in Cyprus, Berthing Rates**

   http://www.limassolmarina.com/berth-tariffs

3. **Royal Hong Kong Yacht Club（RHKYC）**

   https://www.rhkyc.org.hk/

4. **Republic of Singapore Yacht Club（RSYC）**

   https://www.rsyc.org.sg/

5. **Service Directory, Dubai Marina Yacht Club**

   http://www.dubaimarinayachtclub.com/en/marina/index.aspx

6. **台灣遊艇活動網**

   http://www.ship.org.tw/boating/berths.asp

7. **亞果遊艇集團**

   https://www.argogo.com.tw/

8. **亞灣遊艇碼頭**

   http://hcm.horizonyacht.com/Partner.aspx?itm=1

9. **遊艇下水設施，高雄市政府海洋局**

   https://kcmb.kcg.gov.tw/?idn=162

10. **香港遊艇俱樂部**

    http://www.hkyacht.com.hk/

11. **新加坡遊艇碼頭俱樂部介紹，台灣船舶海洋電子報**

    http://www.ship.org.tw/enewspaper/x-280/028003.htm

12. **嘉鴻遊艇集團**

    https://horizonyacht.com/

13. **臺灣遊艇工業同業公會**

    http://www.taiwan-yacht.com.tw/

高雄港嘉鴻遊艇工廠

夢想有時是從此啓航，想像掌舵在手，航向偉大的航道，外面是一壯闊的海洋，船艙內是溫馨的秘密家園，想像遇見陽光、沙灘，還有無數的美麗島嶼風光。

～～海天一色，與你共此時～～

第十章 智慧港口發展

　　智慧港口或稱智能港口（Smart Port、The Intelligence of Port）是近代港口發展方向，由於網路、通訊、資訊等技術的快速發展，對傳統依賴人力的港口作業及管理，如何提升作業反應能力、加強資料蒐集分析、減少人爲判斷錯誤、增強學習能力，智慧港口提供新一代港口的發展概念，配合技術發展也影響港口管理方式及內容。

10.1 定義及發展

　　新一代港口的發展潮流是智慧港口，歐美及中國大陸港口依據自己的特色及發展目標個別定義及擬定推動項目，故其定義雷同但又有些差異。

　　上海海事大學物流科學與工程研究院院長楊勇生對智慧港口定義[1]：「是指藉助物聯網（Internet of Things）、傳感網、雲計算（Cloud Computing）、決策分析優化等技術手段對港口各核心的關鍵信息進

1　楊勇生，智慧港口前沿技術與應用設想（2017）。
　　https://kknews.cc/zh-tw/tech/3mjppgg.html

行透徹感知、廣泛連接和深度計算，從而實現各個資源與各個參與方之間的無縫連接與協調聯動，對港口管理運作做出智慧響應，形成信息化、智能化、最優化的現代港口」。

基於港口供應鏈從上到下的延伸，智慧港口的功能可以包括四個方面的內容：

1. 智慧碼頭實現作業的自動化。

2. 智慧口岸實現通關一體化。

3. 智慧物流實現全程可視化。

4. 實現智慧商務使服務便利化。

高雄港港區貨車自動化車道

　　歐洲 Port Technology 期刊對智慧港口（Smart Port）的解釋[2]：「相對於現在港口及碼頭網路，對於決策及資源的運用，心態上有智慧的更加運用技術與創新」。主要環境變化因素是：「不浪費空間、時間、金錢及自然資源」，主要因素是當今港口發展空間受限、生產效率壓力、財政限制、環保的要求。換句話說是科技及網路的創新影響到推動智慧港口的方向，例如物聯網（Internet of Things）的感測傳送能力。

　　歐洲的漢堡港（Port of Hamburg）最早啟動一項「SmartPort」計畫，智慧的定義是分享資訊以改善港口在供應鏈節點上的品質與效率，特別專注在「SmartPort Logistics」及「SmartPort Energy」兩個領域，物流與能源在交通改善和減少能源消耗的成本。

　　新加坡港是在 2015 年由航港局（MPA）開始啟動智慧港口計畫，使用行動科技結合無線網路以增進新加坡港的通訊、效率及海事船員監理，主要的原因是資訊及通訊（Information and Communication Technology, ICT）的進步，特別是移動式的裝置應用。

　　中國大陸的廈門港是以全自動化貨櫃碼頭為智慧港口的項目，2015 年進行碼頭的試營運及場地作業，這是以作業自動化為其代表。

　　義大利的薩雷諾港（Port of Salerno）提出智慧港口的系統概念架

2　What is a Smart Port? Port Technology.
　　https://www.porttechnology.org/news/what_is_a_smart_port/

構，則是從供應鏈的服務角度重新設計港口的系統，不僅是資訊系統的設置，也涉及港口各方使用者的需求滿足。

圖 7　智慧港口服務系統[3]

智慧港口仍在發展中，主要形式可分為：可預測性之（Predictability）營運作業的預測、可聯結性（Connectivity）之價值鏈上的利害關係人、可永續性（Sustainability）之運用科技改善港口運作。

3　The Re-Conceptualization of the Port Supply Chain as a Smart Port Service System: The Case of the Port of Salerno.
　　http://www.mdpi.com/2079-8954/5/2/35

10.2 相關技術使用

　　智慧港口的發展深受資訊及通訊技術的影響，運用對港口（船、貨、車、氣候等）的變化感知、傳遞，訊息經快速處理後協同反應。

　　1. 物聯網技術（Internet of Things）

　　物聯網指的是將各種訊息傳送感知設備，如射頻識別裝置（RFID）、紅外線感應器、全球定位系統（GPS）、雷射掃描器等裝置與網際網路（Internet）結合起來而形成的一個巨大網路。物聯網技術應用目的是讓所有的物品都與網路連接在一起，系統可以自動的、即時的對物體進行識別、定位、追蹤、監控並觸發相應事件。

　　港口物聯網最前端的應用有港口多源訊息的即時協同感知技術，自動導引車輛（AGV）／貨櫃車智慧協同的車輛聯網、道路聯網技術，面向貨櫃全程監管的貨櫃聯網技術，港口設備智能化檢測與健康預測技術。

　　2. 雲端計算技術（Cloud Computing）

　　雲端計算是一種基於網際網路的計算方式，透過這種方式，共享的軟硬體資源和訊息可以按需求提供給計算機和其他設備。雲端計算在港口的前端應用包含：緊急情況下港口動態調度的彈性負載均衡技術、港口訊息資源共享的分散式資料庫的數據同步技術、針對不確定性作業任務的即時數據處理技術、基於同時映射的港口資源虛擬化技術。

3. 移動網際網路技術（Internet Technology）

移動網際網路在港口的應用，主要利用移動網際網路共享、互動、連結的特性，實現港口相關單位跨平台、即時的便捷服務模式。例如 AGV/ 貨卡全時空連續高精度定位技術、基於 4G/5G 的 AGV/貨卡可靠通信技術、智能網聯環境下 AGV/ 貨卡協同編隊技術、基於車與車協同的主動安全預防控制技術、移動互聯環境下港口交通訊息融合與任務辨識技術。

4. 大數據技術（Big Data）

智慧港口離不開大數據，沒有大量數據分析，它的智慧沒辦法實現。大數據技術在港口的前端應用有面向分散式協同感知的多源異構的港口大數據整理技術、基於多源圖像聚類分析的港口異常行為監測技術、面向港口業務決策的壓縮感知數據重構技術、基於多維度數據融合的港口交通流量預測技術。

5. 人工智慧技術（Artificial Intelligence）

人工智慧應用領域廣泛，涉及問題求解、機器學習、專家系統、模式識別、機器人學等領域。人工智慧技術在港口應用廣泛，例如將人工智慧技術應用到港口的生產計畫與調度過程中，可實現碼頭智能船席調度、智能場地規劃、智能設備調度等，碼頭生產組織的智能化應用，可以實現最小化船舶在港時間、最小化堆場操作、最小化貨櫃運輸成本等。

而人工智慧技術在港口領域的前端應用有基於神經形態工程學原

理的智慧理貨技術、基於無監督的深度生成模型的圖像處理技術、基於大數據和深度學習的港口業務決策預測技術、基於深度神經網路學習和大數據的智能調度技術。

6. 自動化及自主性技術（Automation & Autonomous）

自主作業是在智能決策基礎上，設備自主識別確定作業對象、作業目的，並安全、高效、自動完成作業任務，例如 AGV 小車在自動化碼頭的作業，設備透過學習和思考確定最優的策略，自主地完成 AGV 路徑的制定、堆場和船席的調配等。

10.3 國外港口案例

新加坡港

新加坡財政部兼交通部高級政務部長楊莉明於 2015 年 3 月 23 日出席新加坡港務集團所主辦之「建造更有智慧港口（Building A Smarter Port of Singapore）」推廣會時宣布[4]，新加坡將經由下列多方面打造「智慧港口」：

1. 新加坡海事及港務管理局在三個渡輪碼頭（濱海南碼頭、樟

4　新加坡將多方面打造「智慧港口」，台灣經貿網。
　https://info.taiwantrade.com/biznews/ 新加坡將多方面打造—智慧港口 -1000828.html

宜尾渡輪中心和西海岸渡輪中心）建置 Wiressless@SG 免費無
線上網服務，並 2015 年 7 月 1 日起提供公眾使用。

2. 即日起提供航行於南部島嶼如德光島、龜嶼、裕廊島及各港
　口水域船隻優惠使用第一通（M1）電信公司提供的 4G 網路
　服務，並研發相關新技術。

3. 採用全新船運交通管理系統（Vessel Traffic Management
　System）負責監督新加坡全島各碼頭、港口和水域航運交通，
　並預測可能出現交通繁忙的水域。

4. 於海港內使用全自動貨櫃拖車，減少人力依賴，以提高生產
　力及提供航海人員更多便利性。

5. 利用船運資料分析，防止罪案發生。

6. 推出手機應用軟體 myMaritime@SG，方便海事業人員查看各
　船隻和郵輪抵離時間，以及潮汐和港口資訊。

鹿特丹港

　　鹿特丹港 2018 年初宣布[5]要引進 IBM IoT（物聯網）技術和 Cloud
（雲端）平臺，希望將鹿特丹港改造成全世界最智慧化的港口。

　　鹿特丹港的目標是在 2025 年實現「港內航運連網」（Connected
Shipping）。像無人駕駛車一樣，讓入港船隻可以自動航行在港內水

5　鹿特丹港開始打造 IoT 智慧港，目標是 2025 實現港內航運連網全自動。
　　https://www.ithome.com.tw/news/121307

道，不需像過去那樣得有領航船和引水人的指揮才能入港，停泊船隻可以彼此連網溝通，來避免互撞。

　　鹿特丹港方已在鹿特丹市到北海一段長達 42 公里沿岸、不論是陸地或海下都安裝了 IoT 感測器，連港口的碼頭駁岸、繫泊柱和道路都有。這些感測器會蒐集各式各樣的資料流（Data Streams），包括潮汐與潮流的水氣濕度（Hydro）和天氣氣象（Meteo）資料、溫度、風速與風向、水位高度，以及船席的可用性和能見度等。

　　透過這些 IoT 蒐集來的大數據，可以用來協助港務人員決策，縮短港務處理時間，比如給出船隻進港和裝船卸貨的最佳時間點等。鹿特丹港進一步從四大方向來說明：

　　1. 建立數位分身（Digital Twin）為連網航運做準備

　　借助 IBM 的 IoT 技術來建立鹿特丹港的數位分身，希望能準確地涵蓋鹿特丹港的所有資料來源，包括港口船隻動態、基礎設施、天氣、地理和水深資料等。數位分身的資料也可用來模擬各種可能的情境，讓相關人員了解如何更有效率地安排船務。

　　2. 水文及天氣預測

　　鹿特丹港已結合 IoT、AI（人工智慧）和第三方的智慧天氣資料（Smart Weather Data），來量測各種關鍵統計數據，例如預設可用泊位數。準確的水文和天候資料，可以幫助船公司決定入港的最佳時間。這些資料，如氣溫、風速、（相對）濕度、水位和潮汐潮流等資料，能讓港務人員更精準地預測每一天的能見度，來計算船隻離港，

全港淨空船隻的程度。此外透過海水、風速和風向的預測，港方也能判定船隻是否能順利入港。

3. 船型 3D 列印

鹿特丹港和 30 家合作夥伴聯手，成立 3D 列印實驗室來進行研發，簡稱實驗室為 RAMLAB（Rotterdam Additive Manufacturing LAB）。這間 3D 列印實驗室可以為海港和船公司用更便宜的成本，打造工業用船舶零件，這也是這個領域的第一間 3D 列印實驗室。甚至利用了 IBM 認知 IoT 技術，以機器手臂，逐層疊銲出高品質的金屬螺旋槳等。

4. 數位海豚（Digital Dolphins）

結合智慧化的碼頭駁岸，和內建感測器的浮標，來協助船與船之間的貨物轉移，過程中還能按時間序列蒐集船隻狀態和周遭環境。這些數位海豚（浮標），將可以讓港務人員更了解靠泊碼頭的狀態和使用情況，對周遭水域和天氣狀況也有更多認識。

天津港

中國大陸天津港集團公司宣布 [6] 的天津港「智慧港口建設三年行動計畫（2017～2019 年）」，規劃了 5 類 29 個重點專案，以天津港特色「智慧港口」建設，協助推動港口轉型升級和企業提升品質增加

6　天津港打造特色「智慧港口」規劃 5 類 29 個重點專案。
　　www.tjec.gov.cn/newzixun/63616.htm

效率。

天津港「智慧港口」建設 5 方向是：

1. 以「基礎設施智慧化」爲基礎。

2. 以「港航數據融合化」爲核心。

3. 以「運營管理智慧化」爲方向。

4. 以「貿易物流便利化」爲方向。

5. 以「創新共享生態化」爲方向。

天津港著力加強現代資訊技術與港口各領域發展深度融合，促進港口與供應鏈上下游互聯互通，提升港口資訊服務與協同創新能力，打造自動智慧、成果智享、生態智聯、數據智慧的京津冀港口物流供應鏈服務平臺，構建形成開放共用、合作共贏、創新創業、活力迸發的北方國際航運物流貿易生態圈。

到 2017 年底，「智慧港口」基礎框架基本成型；到 2018 年底，京津冀港口物流供應鏈服務平臺搭建完成；到 2019 年底，北方國際航運物流貿易生態圈全面形成。

今後，天津港集團公司將增強基礎設施智慧化，不斷強化資訊基礎設施綜合服務功能和應用服務，實現港區環境、道路、交通、設備、設施等生產要素的互聯互通與智慧感知，保障數據資訊共用與網路安全管控。推動港航數據融合化，把數據作爲企業的核心資源，深度拓展大數據整合應用新空間，加快構建港口雲數據中心，推進港口數據資源整合與跨界數據資源融合，爲供應鏈相關方提供統一開放的

大數據整合、營運和創新服務平臺。

 延伸討論

1. 試討論說明智慧港口的定義、範圍、相關對象及完成後的港口系統概況。

2. 港口的運作及合作協調涉及內外利害關係人，智慧港口如何設定其實施情形的滿意度衡量方式。

3. 試說明智慧港口運用資訊系統的方向及可行項目，並評估其預期效益。

4. 港口智慧化可節省作業反應延滯，並避免人為錯誤操作及增進學習時效，試分析現行港口有那些優先待實施項目及內容。

有用的網路資源

1. **Demystifying Smart Port – The Next Generation Port**
   http://supplychainasia.org/demystifying-smart-port-next-generation-port/

2. **MPA unveils its Smart Port initiatives**
   https://www.mpa.gov.sg/web/portal/home/media-centre/news-releases/detail/899656d4-3fb6-4622-8521-fc02eba329c1

3. **Singapore port authority unveils smart port initiatives**
   http://www.seatrade-maritime.com/news/asia/singapore-port-authority-

unveils-smart-port-initiatives.html

4. **Smart Port – the intelligent port, Hamburg Port Authority**
   https://www.hamburg-port-authority.de/en/hpa-360/smartport/

5. **Smart port with blockchain**
   https://www.portofantwerp.com/en/news/smart-port-blockchain

6. **What is a Smart Port? Port Technology**
   https://www.porttechnology.org/news/what_is_a_smart_port/

7. **Working on "Smart-Port" Concept**
   https://ec.europa.eu/maritimeaffairs/sites/maritimeaffairs/files/docs/body/beltran_en.pdf

8. **未來產業升級模式：智慧化+服務化，工業技術研究院**
   https://www.itri.org.tw

9. **智慧化航運中心，港灣技術研究中心**
   https://ais.ihmt.gov.tw/smartNavi/Home.aspx

10. **智慧港口發展趨勢研究，港工技術**
    http://ggjsbjb.com/uploads/flink/2017515145934950.pdf

11. **智慧港口前沿技術與應用設想**
    https://kknews.cc/zh-tw/tech/3mjppgg.html

高雄港東方海外貨櫃輪進港

像堆滿了各式奇珍異物的奇幻寶盒，有緣修得同船渡，因緣際會從世界各地來到同一個港口，下回請再渡我一程，再續前緣。

～～承載的不只是貨物，還有你的信賴～～

第十一章　自動化碼頭

自動化碼頭（Automated Berth）隨著貨櫃船舶大型化趨勢應運而生，以應付在港船邊作業高效率及高周轉率的要求。自動化除引進自動化的裝卸機具，作業管理也結合資訊與通訊科技（Information and Compute Technology, ICT）的應用，以減少人力成本及作業時間。

11.1 貨櫃碼頭作業

貨櫃碼頭或稱貨櫃中心（Container Terminal）是泛指使用港池、錨地、進港航道、泊位等水域，並設有貨櫃集散站、貨櫃場、堆置場、碼頭前線、修護工廠、控制室及辦公室等場所，供貨櫃裝卸、貨物拆併、儲轉的區域。

貨櫃碼頭與一般雜貨碼頭相較的特點：

1. 深水港口大型化

隨著貨物運輸貨櫃化比例提高，船舶每航次載運櫃量越多，單位成本越降低，新建貨櫃船舶越造越大，港口的陸域作業場地及航道水深也要配合擴大及濬深。

2. 裝卸作業高效率化

由於船舶大型化，貨櫃船為減少在港口滯留作業時間及費用，必須透過事前精密規劃及機械化作業，以發揮高載運貨櫃船的規模經濟優勢，自動化成為必要的軟硬體投資項目之一。

3. 作業管理資訊化

貨櫃作業的高效率來自資訊的接受及處理傳遞，以及健全的內部與連接外部的高速通訊網路。對於船席調度、機具作業配置數量、行進與作業順序，能事前預擬作業並將訊息及時通報各作業相關人員及部門。

高雄港第二貨櫃中心門式機

　　貨櫃碼頭組成分爲船席（Berth）、碼頭前線（Frontier）、貨櫃整裝場（Marshalling Yard）、貨櫃場（Container Yard）、貨櫃集散站（Container Freight Station）、進出管制站（Gate）、控制塔（Control Tower）、維修工廠（Maintenance Work）、貨櫃清洗場（Washing Station）、辦公室（Terminal Building）等。

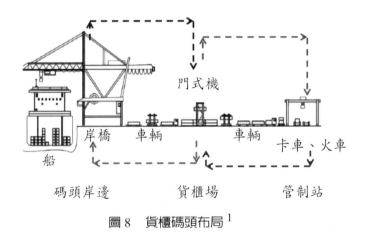

圖8　貨櫃碼頭布局[1]

　　以臺北港民營的貨櫃碼頭自動化案例，2010 年將 ZigBee 無線感測技術導入貨櫃碼頭，提升裝卸貨自動化作業效率。ZigBee 目的在以低成本、低耗電無線射頻技術連接各裝置形成無線環境，其低成

1　Container terminal layout.
　　https://www.researchgate.net/figure/Schematic-representation-of-a-container-terminal-layout-10_fig1_273633205

本、低耗電的特性適用於無線控制、監控應用。

　　以 ZigBee 為臺北港貨櫃碼頭建立智慧園區示範。實際將 ZigBee 用於碼頭作業車輛調派通訊、車輛位置感知、儲貨區報到系統、ARMG 無人自動吊車及櫃場管制自動化等作業。外部貨櫃車駛入臺北港報到時，發給具有 ZigBee 近端辨識、通訊功能之儲位報到卡，透過 ZigBee 車輛識別與通訊功能，指示外部貨櫃車司機到交領櫃作業區指定位置裝卸貨櫃，而負責船邊與交領櫃作業區之間裝卸貨櫃的內部作業貨櫃車，也透過 ZigBee 識別、自動調派車輛作業。

貨櫃碼頭標準作業流程

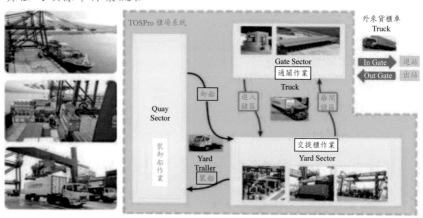

圖 9　臺北港貨櫃碼頭作業流程[2]

2　台北港導入 ZigBee 提昇碼頭自動化作業。
　　https://www.ithome.com.tw/node/60307

臺北港貨櫃碼頭作業區分爲外來貨櫃車報到的通關作業（Gate Sector）區、內外貨櫃集中存放的貨櫃儲區（Yard Sector）與船邊裝卸貨櫃的港口作業區（Quay Sector）。紅線爲外部貨櫃車動線，黑線爲內部作業貨櫃車動線。

11.2 機具及作業技術

港口貨櫃中心的自動化作業[3]，自動化的演進是因應全球供應鏈快速運送的發展，港口的作業效率要更加提高。自動化的貨櫃碼頭系統可分爲碼頭岸邊裝卸系統、岸邊水平運輸系統、櫃場裝卸系統及碼頭後線運輸系統。

碼頭岸邊裝卸系統是進行船舶貨櫃裝卸動作，貨櫃積載配置計畫及裝卸計畫根據每艘船實際作業數量以軟體（TOS）進行規劃，通常最小化等候時間是岸邊橋式機作業的主要目標。

水平運輸系統是將貨櫃在碼頭岸邊與櫃場（Container Yard, CY）進行搬運運送，有的採用自動化導引的搬運車（AGV），有的採用人工駕駛跨載機作業。採用自動化作業需有嚴格的作業路線規劃及排隊等候區等候下一作業指示。

---

[3] Automated Container Handling in Port Terminals.
https://www.tmeic.com/Repository/Media/Large%20Container%20Handling%20Systems-5.pdf

　　自動化的挑戰是在貨櫃在碼頭櫃場採用區塊式（Block）的堆疊方式（Stacked），船舶在碼頭岸邊作業時，每次裝卸的動作由卡車及搬運機具在貨櫃堆疊區中進行各式搬運（水平及垂直位移），每個區塊間隔一部分空間供機具移動。

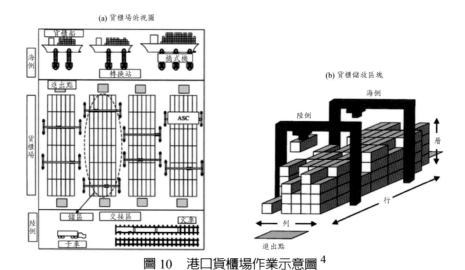

圖 10　　港口貨櫃場作業示意圖 [4]

　　軌道式門式起重機（Rail Mounted Gantry Cranes, RMGC）是貨櫃碼頭常見使用機具，大型化後的自動化大型門式機（Automated Stacking Cranes, SAC）不需人工操作，由港口監督電腦系統的軟體進

4　Schematic Representation of a Container Yard Layout.
https://www.researchgate.net/figure/Schematic-Representation-of-a-Container-Yard-Layout_fig1_274199987

行排程作業，可提高陸側及海側兩端的作業效率及確保裝卸貨櫃工作的可信賴度，也是海域岸側與陸域貨櫃流的緩衝區。

高雄港第一貨櫃中心橋式機

　　碼頭後線運輸系統主要是櫃場的進出管制、自動化的管制站（Gate）及門哨系統可快速判讀進出車輛及貨櫃的識別，依據系統指示訊息完成車輛進出及貨櫃提領動作。

　　不同傳統的人工檢查作業，透過資訊化及自動化技術，例如無線射頻識別技術（Radio Frequency Identification , RFID）、光學字元辨識（Optical Character Recognition, OCR），可以完成高效率的貨櫃查驗及車輛放行工作。

11.3 發展趨勢及案例

荷蘭鹿特丹港

荷蘭鹿特丹自動化碼頭[5]

　　鹿特丹港是世界最早研發以自動導引搬運車輛（Automated Guided Vehicles, AGV）自動化貨櫃碼頭作業的港口，現在其 Maasvlakte 2 貨櫃中心共設有 5 座自動化貨櫃碼頭，從 2012 年 5 月開始動工，2015、2016 年陸續啟用，現由丹麥馬士基（Maersk）集團的 APM 所營運。碼頭起重機、導引車動力採取電力式，54 部軌道門

5　New standard in container terminals and services.
　　https://www.portofrotterdam.com/en/business-opportunities/smartest-port/cases/
　　new-standard-in-container-terminals-and-services

式機採貨櫃高堆疊式定位作業，櫃場動力來源並採用風力發電，爲高效、節能的碼頭。

鹿特丹港另一世界門戶碼頭（Rotterdam World Gateway, RWG）爲 2015 年營運的自動化貨櫃碼頭，由世界級貨櫃船公司 APL（Singapore）、MOL（Japan）、HMM（South Korea）、CMA CGM（France）、碼頭營運商公司 DP World（Dubai）共同合組營運，員工 180 位，大多爲資訊人員，現場人員不超過 10～15 名。

青島港

山東青島港全自動化貨櫃碼頭 2017 年 5 月 11 日正式營運，該碼頭位於前灣港區 4 期 5 至 10 泊位，碼頭長 2,088 公尺，縱深 784 公尺，前沿水深 20 公尺，年通過能力爲 520 萬 TEU，可停靠世界最大的 2 萬 TEU 以上的貨櫃船舶，首期有 2 個泊位投入營運。

該碼頭是由青島港集團規劃布局，結合物聯網技術，有數十家合作方參與，自 2013 年 10 月至今年正式投入商業營運，3 年多的時間完成國際同類型碼頭花費 8 至 10 年的同樣研發建設任務。按青島港集團提出的資料，其建設成本爲國際同類碼頭的 75% 左右，開創了低成本、短週期、全智能、高效率、零排放的「青島模式」。

該碼頭是由青島新前灣集裝箱碼頭公司營運管理，由青島港自主構建智慧生產控制系統，顛覆了傳統貨櫃碼頭作業、管理模式，走向決策智慧化、生產流程化、操作自動化、現場無人化、能源綠色化階

段。

目前全自動化碼頭兩個泊位作業中，後端的生產控制中心 9 個遠程操控員，承擔傳統碼頭 60 多人的工作，減少了操作人員約 85%，提升作業效率約 30%。

上海洋山港

上海洋山四期自動化碼頭 2017 年 12 月 10 日正式啓用，設計吞吐能力初期達到 400 萬 TEU，遠期達到 630 萬 TEU，有 2 個 7 萬噸級泊位和 5 個 5 萬噸級泊位，是現在全世界最大的自動化碼頭，在中控室裡就可以透過遠端操控，而貨櫃集中堆放則由自動引導車（AGV）來運送。這種無人駕駛的自動引導車能導航選擇最快的路線，如此下來整個自動化碼頭能提高生產效能 30%。

港口運行是自動化的裝卸、智能化的生產，所謂自動化的裝卸就是整個作業過程中實現無人化。擁有 7 個貨櫃船泊位，碼頭岸線總長 2,350 公尺，成爲目前全球最大的自動化貨櫃碼頭，大量運用人工智慧降低至少 7 成的人力成本。

一個碼頭司機一次能操控 6 台吊車，貨櫃要集中堆放運送就靠自動引導車，但不需要人來駕駛。透過智慧控制系統能自動導航，甚至選擇出最快路線，更不用怕自動引導車彼此會相撞。

自動引導車主要是透過埋在地下的磁釘來定位和自動運轉。另外海關安檢也配合推出最新車載移動式查驗系統，自動引導車通過時同

步進行掃描，每小時最快能查驗 150 個貨櫃。

　　取櫃過程加快速度，至碼頭取貨的物流司機只要在手機輸入貨櫃號碼，就能得到一組二維碼，接著在取貨區用機器掃描二維碼，貨櫃會自動送過來，大大縮短碼頭作業時間。洋山四期自動化碼頭能提高生產效能 30%，實現 24 小時運作。

福建廈門港

　　2017 年 5 月 27 日正式啟用，遠海自動化碼頭是廈門市與中遠集團、中交建集團三方投資建設的，位於海滄保稅港區 14# 泊位，總投資 6.58 億元人民幣，均採用電驅動，比傳統碼頭節能 25%、碳排放減少 15%。

　　所謂的智能化碼頭，也就是結合創新與雲端運算等功能，不僅擁有智能化調度和設備管理，系統也會根據運行時遇到的情況，隨時調整電動自動化引導車（AGV）的行走路徑，計算出最節省時間的道路，讓碼頭維持高效運作。遠海碼頭設計年吞吐能力達 75 萬 TEU，未來最高可達 90 萬 TEU。

　　廈門港遠海自動化碼頭有 3 項特色，首先是堆疊利用率提升了10% 以上。早期自動化碼頭為了平面運輸便利採取垂直結構，但堆疊利用率反而因此下降 10%。廈門遠海碼頭採用傳統碼頭一樣的平行規劃，加上自動化後省去貨櫃車的通道，軌道標的堆櫃區可以從 6列增至 7 列，不僅每單位吞吐量占用的道路面積最小，利用率也大幅

提升。

其二，該碼頭平面運輸車輛全部由電池動力驅動，不僅是全球首個全電動的碼頭，且能在兩個作業流程中實現在線自動充電，保障作業連續不中斷。與一般碼頭相比，碳排放量下降約 20% 左右，能耗費用亦下降 45% 左右。第三則是安全高效率。目前所有自動化碼頭包括吊臂等運作，最高可達每小時 25 個動作（move），但該碼頭設計最高可達 35 個動作。

 延伸討論

1. 貨櫃碼頭作業主要分為那幾個部分，其自動化作業有那些特色？
2. 試整理出貨櫃碼頭的貨櫃進出流程，其資訊流的主要資訊流與相關單位。
3. 碼頭進行自動化作業時，船舶到港應進行那些前置作業及資料傳送？
4. 試討論港區貨櫃集散站（CFS）在自動化作業可扮演角色及功用。

有用的網路資源

1. **APM Terminals Maasvlakte II achieves record loading**
   https://www.portofrotterdam.com/en/news-and-press-releases/apm-terminals-maasvlakte-ii-achieves-record-loading

2. **The robot is coming, Port of Rotterdam**

   https://www.portofrotterdam.com/en/doing-business/logistics/cargo/
   containers/50-years-of-containers/the-robot-is-coming

3. **Rotterdam World Gateway celebrates official opening of its container terminal**

   https://www.portofrotterdam.com/en/news-and-press-releases/
   rotterdam-world-gateway-celebrates-official-opening-of-its-container

4. **Rotterdam World Gateway (RWG)**

   https://www.rwg.nl/en/home

5. **台北港貨櫃碼頭股份有限公司－碼頭作業**

   https://www.tpct.com.tw/service/port/

6. **台北港導入RFID建置門禁管理系統完成貨櫃通關全程自動化**

   https://www.ithome.com.tw/news/90463

7. **台灣東方海外股份有限公司－OOCL高雄貨櫃中心（KAOCT）－作業規範**

   https://www.kaoct.com/tchi/business/operation/Pages/default.aspx

8. **洋山港貨櫃裝卸全自動化　碼頭不見人影－TVBS**

   https://news.tvbs.com.tw/life/834384

9. **香港海運港口局（HKMPB）**

   https://www.hkmpb.gov.hk/tc/index.html

10. **香港國際貨櫃碼頭（HIT）**

    https://www.hit.com.hk/cn/Our-Services/Service-Delivery/Processes.

html

11. 青島港全自動貨櫃碼頭營運—台灣新生報

https://tw.news.yahoo.com

12. 高明貨櫃碼頭股份有限公司

http://www.kmct.com.tw/

13. 廈門智能化碼頭—中國時報

http://www.chinatimes.com/newspapers/20150728000091-260203

臺中港萬海貨櫃輪進港

 冬季的季風冷冷進襲港口的每一個角落，引水人及船長緊緊掌舵向前行，駛過各地大江大海，現在回家就在不遠的前方。

～～迎長風破巨浪，轉彎就遇見你～～

第十二章 港口行銷

　　商港業務往來對象，為國內外通商船舶及運輸物流業，現代港口與地方發展因水岸開發、交通運輸等因素更形密切，各式新興媒體的產生，使港口在行銷（Marketing）有更多元方式，如何增加客戶、提高營業收入更是港口行銷的主要目的。

12.1 行銷特色

　　港口提供產品為服務，全世界海灣有數不清的海港，港口行銷是建立自己的品牌（Brand）形象，每個港口有強調地理位置優勢、有注重設施及作業效率、有競爭力的港灣費率等，因為港口是 B2B（Business to Business）業務範圍，品牌建立是讓客戶對其港口特色與服務快速的認識並有強烈信心。特別國際商港是面對全球的業者與競爭港口，對內要建立一致及持續的行銷策略，對外要區分目標市場及核心客戶。[1]

---

[1]　Better branding, Port Strategy.
　　http://www.portstrategy.com/news101/port-operations/port-performance/better-branding

　　港口在今日全球供應鏈的活動中是一個重要的作業節點（Node），港口在海運運輸系統中提供貨物快速的移動能力，特別是與其他運輸方式結合的複合運送（Combined Transports）。效率與費率成為港口之間的競爭重點，港口迅速在改變營運組織、港埠設施、去除管制，以配合港口發展目標與特性。由於行銷工具技術的進步（如通訊網路、多媒體），面對競爭多變的環境，港口每日的作業，從船舶進港、裝卸作業，與其他陸運系統結合、提供加值服務，港口除了使用傳統資源（土地、人力及資本），還要協同技術發展，建立策略以因應市場變化。

高雄港第四貨櫃中心

　　聯合國（UNCTAD, 1995）的研究報告說明港口透過市場分析、目的確認、建立策略及定義標的這些程序及適當運用行銷工具可完成港口營運目的。而行銷工具主要是從產品、價格、推廣（Product、

Price、Promotion）三個面向來說明：

1. 產品

或稱港口服務，是一持續性的改善措施，這是港口以作業量當作改善的標準或投資的依據，因此港口的條件及提供各式運輸服務會成為業務推廣的重點，決策者了解本身的優、劣勢後，可據以持續對行銷單位要求進行教育與訓練。港口的客戶通常會考慮下列因素：

(1)地理位置（Geographical Position），能容納貨物的種類及數量。

(2)船舶限制（Nautical Approach），港口能接納船舶大小的設施規模。

(3)內陸連接（Hinterland Connections），港口與內陸腹地的交通運輸設施連接性，即是物流的便捷性。

(4)港口設施使用權利（Disposition of Quays & Land），是否有專用權利或限制。

(5)服務（Service），港埠作業採取公營或私營的特性。

(6)人力及社會條件（Labor Force & Social Climate），人員的技術及訓練、良好勞動規定與環境（如無罷工）。

(7)專業知識（Know-How），有優良傳統，能提供穩定、可信賴的作業績效服務。

(8)財務情況（Fiscal Environment），政府是否鼓勵吸引新業務或投資。

2. 價格

價格是行銷行為較困難的工作，理想上要取得最高定價與邊際成本之間差額的最高利潤，但港口定價有實際環境與多變的競爭變數，如內部會計成本與競爭港口價格戰，通常價格會定期檢視與機動性調整，特別是港灣費用（Port Dues）、土地租賃成本（Land Leases）、裝卸費用（Handling Costs）等，港口定價會考慮之因素如：

(1) 預估成本（Estimated Cost），港埠設施的投資、折舊、利率及預期報酬率。

(2) 競爭性（Competition），航運市場變化、鄰近港口措施、政策性要求。

(3) 幣值（Currency），本國貨幣與外幣兌換匯率的漲跌幅度。

(4) 付款條件（Payment Terms），契約規定與實施優惠條件。

(5) 市場變數（Market Variables），國際貿易方式（需求）改變、全球或區域的重大政經變化。

3. 推廣

在企業的行銷功能中，推廣的工作是較常為外界所認識的工作，港口透過推廣的功能不僅是將特色說出來，也讓外界能聽得到、看得到，這就需要合適溝通（Communication）的技巧，要針對不同的群體，影響他們對港口的態度與行為，重點是溝通的方法（Means Communications）、對象（Audience）、公司產品（Company Goods），推廣的工具有：

(1) 廣告（Advertising），廣告的目的是擴大港口的知名度、增加銷售的通路、改善港口形象、曝光高品質項目，國際性的港口特別更要注意語言及文化的表達差異。廣告所有活動基於預算的規模，有雜誌、電視、電台、網路及代理商等不同方式，就對象、目的、時效性予以考量。

(2) 廣告信件（Direct Mailing, DM），直接郵寄信函是要向潛在客戶進行介紹，需先建立有效地址的客戶名單，針對客戶寄送私人或專屬的信件，介紹及蒐集對方的需求。

(3) 國際海事展（International Shipping Exhibitions），國際展覽是短期能聚集各地大量航運、貿易業者的活動，港口可在此介紹自己的設施與服務，但由於國際參展費用大，故應慎選及考量展示呈現的方式。

(4) 港口日（Organization Port Days），邀請客戶或利害關係團體到港拜訪，透過詳細的解說，讓拜訪者能深入港口的發展。

(5) 業務拜訪（Personal Selling、Direct Business Trips），對港口有契約或重要客戶進行直接拜訪，了解契約的執行，聽取客戶對港口的建議，有助於爭取長期合作。

(6) 港口代表（Representatives），在重要區域或組織設置代表，蒐集市場訊息及客戶反映，港口代表通常需具有專業性、人脈網路、溝通技巧與簡報的能力。

(7) 國內通路（Domestic Networking），與本國的相關組織、工

商協會、銀行、外交單位、縣市政府、勞動公會、顧問公司等保持聯繫，介紹最新港口發展並聽取建議。

(8) 國內參與（Domestic Fairs），對於國內的活動與區域管理規定，港口亦適當的參加，有助在一般民眾前提升形象，也有助於爭取政府及民眾對港口的支持。

(9) 學校拜訪（School Visits），港口的永續發展，藉由下一代的教育可增加民眾對海運產業的了解，透過參訪知道港口對經濟、就業、社會的關聯性，培育未來航港業的新力軍。

(10) 舉辦會議（Organizing Conferences），舉辦或承辦港口相關會議，可擴展港口知名度並爭取重要商務人士到訪。

(11) 演講（Speaker at a Conference），港口人員赴國際會議演講，可增加新聞在國際與當地的曝光率，特別是此類會議有各國政府、商務及新聞單位出席。

(12) 記者日（International Press Day），記者基於各種因素對港口可能會提出正面、負面及不同觀點的報導，透過有組織及定期的活動有助於記者對港口各項作為的認識，有時記者也會對負面新聞協助提供更正、說明報導的協助。

(13) 其他工具（Other Tools），經由國家或國際經濟貢獻調查研究，可發現港口對社會經濟的貢獻。

12.2 媒體公關

　　媒體（Media）是指承載訊息或傳送和控制訊息的材料和工具，公共關係（Public Relations）或稱公眾關係，通常簡稱 PR 或公關，是指有關著名人物、商業機構、政府、非牟利機構等各種組織，為改善與社會公眾的關係、促進公眾對其認識，以樹立良好形象、取得公眾的理解及支持。

　　商港的媒體公關工作內容，依組織性質、營運特性、利害關係人及行銷策略而有不同。港口的管理組織有政府機關、有經營管理機構、有私人經營等，因管理依據及營運目標差異，國際商港注重國外媒體與國際組織的行銷，國內商港注重運用社區性媒體及地方關係；公營港口重視上級監督單位及民意機關代表互動，私營港口重視董事會及地方社區互動良好。

　　港口的營運特性也影響使用媒體與公關作法，例如工業專用港因屬企業貨物輸出入專用港口，並無其他外來客戶使用，並不需對外大規模宣傳，與媒體的互動主要在避免負面或誤解的報導，與主管機關、港口社區的良性互動，是公關的首要工作，特別是港口的新建工程或環境保護評估、監測及災害應變等，需要媒體協助溝通及適時回饋民眾的需求。

　　公營港口因有公務預算編列審查，對上級主管機關及民意機關要求改善事項，對政策性的施政情形需對外宣導，對營運計畫要進行

國際宣傳招商。國內及離島商港則是加強港口所在地方政府的溝通協調，對地方社區團體進行拜訪及舉辦活動以爭取對港口的支持。

傳統的媒體有報章雜誌、電視台、廣播電台，透過平面、空中的訊息傳遞，進行港口有關發展及活動的報導，現在由於通訊及網路技術發展衍生新媒體（如 Facebook、YouTube、Twitter、Google 等）的出現，使港口在媒體傳播有新的運用方式，傳播時效及互動性更佳。

港口的公關工作除了民意機關的質詢外，主要是協助業務推動、增加市場接觸管道，透過自行發行的刊物（如年報、電子報）、國內外媒體刊登廣告、出席展覽活動、舉（合）辦研討會、年節社區聯誼活動、記者會等，增加港口相關業務活動新聞的報導。

高雄港郵輪母港記者會布置

新聞稿（Press Release、News Release）亦是港口公關的重要工作之一，因國際商港客戶為全球性，配合業務推廣宣傳，視港口的營運

對象有時會提供多種語言版本，港口新聞稿內容因具有專業性、政策性，專有名詞及人士介紹應附加全稱及簡易說明，新聞稿通常分為活動新聞、重要人事或財務宣布、事件澄清稿等。為有利媒體刊登會以第三人稱撰寫並附上照片、主辦人員聯繫方式，平時與媒體的互動、適時刊登廣告、邀請採訪都有助新聞稿的刊登，並避免負面錯誤新聞的發布。

12.3 網路行銷

網路行銷（Internet Marketing、E-Marketing）就是以網際網路為基礎，利用數位化的資訊和網路媒體的互動性來輔助行銷目標實現的一種新型市場行銷方式。網路行銷本身和網際網路的創意與技術層面息息相關，這包括設計、開發、廣告與銷售。網路行銷方法包括：搜尋引擎行銷、顯示廣告行銷、電子郵件行銷、關鍵字行銷等，網路行銷策略包括了線上（On-line）行銷產品、服務與網站的各個層面，也包括市場調查、電子郵件行銷與直銷。

由於網路社群及發展工具持續推陳出新，網路行銷方式也已應用在港口的業務推廣。

1. 臉書（Facebook, FB）

Facebook 是源於美國的社群網路服務及社會化媒體網站，Facebook 使用者除了文字訊息之外，還可傳送圖片、影片、貼圖和

聲音媒體訊息給其他使用者。

2. 內容行銷（Content Marketing）

「內容行銷」是一種藉由不斷產出高價值、與顧客高度相關的內容來吸引顧客的行銷手段；與多數傳統廣告相反，內容行銷旨在長期與顧客保持聯繫，避免直接明示產品或服務，而是持續提供高度價值和相關性的內容給顧客；以「改變顧客行為或消費習慣為目的」來持續與顧客「溝通」，最終讓顧客對企業產生信賴和忠誠感。

3. 部落格（Blog）

是一種網路日誌，亦是一種常被更新、便於編寫的日記式個人網站，可提供設定相關主題的報導、評論等，並與讀者分享心得。

4. 資料庫的運用（Database Marketing）

指將行銷資料建立資料庫，並根據對資料庫內資料的分析，進行市場行銷活動。資料庫行銷旨在建立互信共贏的客戶關係，資料庫服務過程本身即可視為資料庫行銷過程。資料庫的資料必須是動態的，可擴充的和及時更新的，涵蓋現有客戶和潛在客戶。

5. 影音行銷（Video Marketing）

透過影音平台（如 YouTube 等）進行多媒體宣傳及分享。

6. 電子郵件廣告（Email Marketing）

建立資料名單（如訪客、業務往來人員、媒體等），對港口相關業務招商、高層人士或業務異動、會議活動通知報名，進行直接通知。

7. 搜尋引擎最佳化（Search Engine Optimization, SEO）

透過了解搜尋引擎的演算法則，使在使用者的搜尋中透過不同關鍵字，讓網站在自然搜尋中往上提升排名。

8. 新聞發布（Press Release）

在官方網站進行新聞發布、活動直播，有時可與讀者進行互動式的反應回饋。

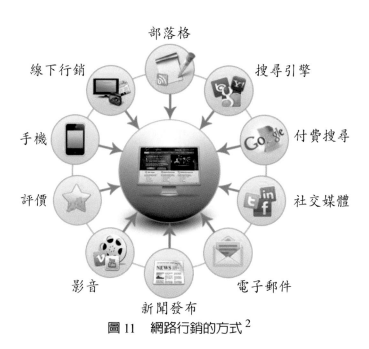

圖 11　網路行銷的方式 [2]

2　Aldiablos Infotech-Cheap Internet Marketing Without More Spending.
　　https://cheapinternetmarketingserviceinus.wordpress.com/

臺灣港務公司網路行銷 [3]

 延伸討論

1. 試比較港口行銷與一般服務業行銷，有那些不同特性？

2. 臺灣商港與國外商港在網頁介紹有何主要差異，試用行銷方法分析其效果。

3. 商港的主要客戶以國內外專業航商及運輸物流業為主，試分析其對港口的資訊需求重點。

4. 港口的永續發展需符合政府施政目標及地方民眾的期待，試討論公關（Public Relations）與行銷（Marketing）有何差異性？

3　郵輪度假懶人包，臺灣港務公司。

https://www.twport.com.tw/chinese/cp.aspx?n=A4EEA41331CA240B

有用的網路資源

1. **American Marketing Association**

   https://www.ama.org/Pages/default.aspx

2. **Introduction to Public Relations**

   http://www.ipr.org.uk/

3. **Marketing Communication Strategies for Seaports**

   https://www.erim.eur.nl/fileadmin/default/content/erim/research/
   centres/smart_port/admin/c_news/marketing%20communication%20
   strategies%20for%20seaports%20-%20jja%20si.pdf

4. **Marketing Promotion Tools for Ports**

   http://unctad.org/en/docs/ship49412_en.pdf

5. **Marketing Strategies in Port Industry: An Exploratory Study and a Research Agenda**

   http://thescipub.com/PDF/ajebasp.2010.64.72.pdf

6. **Web Marketing Promotional Tools and Techniques**

   http://www.marketingfind.com/articles/web_marketing_promotional_
   tools_and_techniques.html

7. **拜訪客戶前必須做12件事！**

   http://article.bridgat.com/big5/guide/2008/198.html

8. **制定有效網路行銷策略**

   http://seo.syoc.com/home/internet-marketing/internet-marketing-method

高雄港棧二庫文創園區

 駛過千帆皆不是，或是爲名，或説爲利，古老的倉庫經歷時光的飛逝，那些年那些事，都隨著光影投射在碼頭建築物上，今日靜靜等你來解語。

～～港口新姿，華麗轉身～～

第十三章　港口風力發電

　　因應國際能源使用上節能減碳的**趨勢**，我國電業正大力發展海上離岸風力發電（Offshore Wind Power）的開發，由於風機安裝及發電輸送的過程需在海上及碼頭進行，對港口而言，作業船舶、風機設備裝卸、作業人員訓練等，成為臺灣商港的新業務發展機會。

13.1 海上離岸風電

　　風力發電場是將多台風電機組安裝在風力資源良好的場地，按照地形和主風向而排成陣列，組成的機組群併接輸配電網供電，簡稱風電場（Wind Power Farm）。

　　海上離岸風力發電又稱離岸風力能源（Offshore Wind Energy），係於海上建設風力發電廠，通常位於大陸架，利用風能進行發電。由於海上風力資源豐富，不受土地使用限制，目前美國、西歐及中國大陸已開始建立海上風電場，進行海上風力發電應用。

　　臺灣目前尚未有任何離岸風場建置完畢，目前（2018 年）僅三個示範案進行中。

　　除了風能潛力優勢外，臺灣發展離岸風力的機會還有 (1) 不因風

機的噪音及光影干擾到居民的生活、(2) 減緩陸地的開發、(3) 減少二氧化碳的排放量、(4) 降低對其他國家的能源依賴、(5) 增加就業機會。

然而，離岸風電在國際屢見不鮮漁民權利受損及干擾生態的議題，除了上述，臺灣尚須承擔其他風險。

1. 颱風：颱風可能造成風機自動停止減低效率，甚至導致風機墜毀。

2. 鹽風：強烈的海風吹起海浪產生的「鹹水煙」，造成風力發電機結構腐蝕與電氣設備很大損傷。

3. 高溫、高濕：臺灣夏天的高溫以及濕度，對風力發電機的機艙內部設備的冷卻溫控造成影響。

4. 技術門檻：離岸風機、安裝及運維船的技術門檻較高，目前臺灣廠商僅能向國外購買或是租賃作為試營運的基礎。

臺灣由政府於 2012 年公布「千架海陸風力機」計畫，並由經濟部能源局支持成立「千架海陸風力機計畫推動辦公室」，希望 2030 年陸域與離岸風機累計超過 1,000 架。離岸風力的部分，目前有三個示範進行中，2015 各完成 1 部海氣象觀測塔，2016 年各完成 2 部示範機組，2020 年完成示範風場，預計容量 320 百萬瓦。透過示範風場的建置，建構完整的產業鏈，吸引更多企業投入，希望在 2030 年累計容量超過 4,000 百萬瓦。

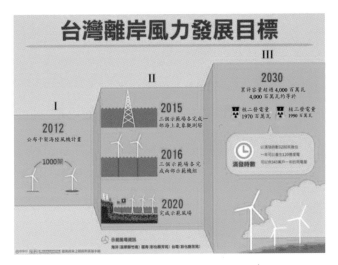

圖 12　臺灣離岸風力發展目標 [1]

海上風電場的開發過程可分爲：

1. 可行性分析階段

首先是場址的選擇，正規的選址標準是風速最大值、合適的水深與海底地質狀況、離岸距離、環境影響評估等，並求其折中之平衡點。

2. 設計及建造階段

在獲得許可證後，是與風電機組供應商、海事活動承包商、電纜供應商的談判過程，確定供應商後進行具體的建設過程。

1　離岸風電知識網。

http://www.nepii.tw/KM/OWE/index.html

3. 運行及維護階段

運行時期通常約 20～25 年，在歐洲由業主與風電機組製造商簽定有效期 5 年的維護合約，現在已有達 10～15 年的長期合約，這種合約通常會包括保障風電機組最低運行水準和最佳運行效能的獎懲機制，業主對風電機組可採取由製造商維護、委託獨立性風電維護商及自行維護作業等方式。

4. 拆除階段

是指拆除風電機組、基礎及風電機組其他部件的時段，並將拆除部件運往陸地或研究再次運用的可行性。

一般情況採購本地生產的風電機組，在採購合約會約定由生產廠商代為負責運輸過程，直到海上施工場地，如採購國外生產機組，在指定港口接貨須先規劃運輸方式及準備工作。

13.2 海上風電場運行與維護

海上風電場運行與維護包括對風電場可及性的限制、運行維護的規劃、設計及防鏽。

海洋是一個高風險的環境，作業人員暴露在多變的氣候環境下，不具備陸上安全與醫療措施，在這種環境下需有周密訓練及工作規劃。海上氣候與特殊的海浪波動性亦使坐船前往產生不適，很多時候由於潮汐、風力及波浪因素，使船上人員難以安全轉移。

臺灣港務港勤公司離岸風電運輸船 [2]

　　海上風電場運行及維護計畫，內容包括開發項目目標及各階段作業、海上狀況介紹和安全措施、檢查項目及維護活動、運行維護組織、可及性要求（船舶、碼頭和起重機）、零配件儲備及物流規劃（船舶和倉庫）。

　　海上風電場的可及性困難引發一系列物流的作業概念，大多數物流裝置運用可快速移動的船舶，能將人員與零組件運輸到風電機組，但海浪的因素帶來很大限制，也有運用直升機運送，但運送價格昂貴又對人員及物品數量有限制。

　　腐蝕是影響海上風電場可靠運行的因素，需要使用大量的措施來減少海水、濕氣及溫度對結構的傷害，一般使用加大鋼鐵厚度、使用

2　First Taiwanese CTV Ready to Serve.
　　https://www.offshorewind.biz/2018/08/01/first-taiwanese-ctv-ready-to-serve/

塗層系統及陰極保護系統。

港口物流作業

海上風電場的物流作業與一般貨物要求「及時」運送是不相同，海上安裝的時限受氣候和使用設備性能限制，只能在某些季節安裝，那各項工作時序將更加緊迫。

卸貨港的所有零組件的運送，必須能在安裝前及安裝時進行，因此為應付送往外海組裝的時間要求，港口碼頭需能提供大面積、高承載的平面土地供零組件進儲及組裝，以便後續裝船前往外海安裝。因此港口最珍貴的就是出租土地，同時由於風電場運搬船其滯港時間不很久，從碼頭到港口入出航道不能太遠，以充分運用良好天氣條件時加速往返外海風電場的物流作業及人員接送。

工作船的協調

在海上施工現場的有限空間，因有人員運輸船（Crew Transfer Vessel, CTV）、運維作業船（Service Operation Vessel, SOV）的進出，需要實行交通管理，有必要協調船舶的航行秩序。海上風電場是在海上一處劃定範圍內進行基礎施工、電力設施安裝（維護）、海底電纜布設，當船舶停靠海上作業時，就有可能影響其他船舶的航行，例如電纜工程要穿過其他船舶的通行或停泊路線進行。

人員運輸船海上駁靠風電場 [3]

　　工作船的交通協調是對船長、駕駛員或調查風電場整個區域交通狀況與其他技術人員的位置。此外監控港口工作船的進出，確定在安裝及維護期間，是否在進行與安裝有關工作，或僅是要穿越風電場，不妨礙該區域風電場的有關作業。

　　海上作業人員的安全相當重要，所有作業都是預先規劃路線及站間移動並依計畫內容進行，避免有相互干擾、危害安全發生。所有進出船舶都要清點船上人數（People On Board, POB），以掌控多少人在現場、多少人在途中，對發生意外進行人員搜尋時將有助益。

3　Construction Begins On First Offshore Transfer Vessel For U.S.
https://www.maritime-executive.com/article/construction-beings-on-first-offshore-transfer-vessel-for-us

再生能源發展條例（民國 98 年 7 月 8 八日總統令制定公布全文 23 條；並自公布日施行）

第 3 條　本條例用詞，定義如下：

一、再生能源：指太陽能、生質能、地熱能、海洋能、風力、非抽蓄式水力、國內一般廢棄物與一般事業廢棄物等直接利用或經處理所產生之能源，或其他經中央主管機關認定可永續利用之能源。

二、生質能：指農林植物、沼氣及國內有機廢棄物直接利用或經處理所產生之能源。

三、地熱能：指源自地表以下蘊含於土壤、岩石、蒸氣或溫泉之能源。

四、風力發電離岸系統：指設置於低潮線以外海域，不超過領海範圍之離岸海域風力發電系統。

五、川流式水力：指利用圳路之自然水量與落差之水力發電系統。

六、氫能：指以再生能源為能量來源，分解水產生之氫氣，或利用細菌、藻類等生物之分解或發酵作用所產生之氫氣，做為能源用途者。

七、燃料電池：指藉由氫氣及氧氣產生電化學反應，而將化學能轉換為電能之裝置。

八、再生能源熱利用：指再生能源之利用型態非屬發電，而屬熱能或燃料使用者。

九、再生能源發電設備：指除非川流式水力及直接燃燒廢棄物之發電
　　設備外，申請中央主管機關認定，符合依第四條第三項所定辦
　　法規定之發電設備。

十、迴避成本：指電業自行產出或向其他來源購入非再生能源電能之
　　年平均成本。

風力發電離岸系統設置範圍所定低潮線，由中央主管機關公告之。

風力發電離岸系統示範獎勵辦法（民國 101 年 7 月 3 日經濟部令 訂定發布全文 19 條；並自發布日施行）

第 3 條　本辦法用詞，定義如下：

一、示範機組：指申請人依本辦法提出申請並領取獎勵費用所建置之
　　風力發電離岸系統。

二、示範風場：指申請人依本辦法提出申請規劃建置包含示範機組之
　　風力發電離岸系統建設之全部。

三、受獎勵人：指符合本辦法資格條件之申請人，經依本辦法獲選並
　　簽訂示範獎勵契約者。

四、股份有限公司：指依公司法規定，完成設立登記之股份有限公
　　司。

13.3 港口條件介紹

　　海上風電場的安裝是否順利，取決於在港口區域對船舶、裝卸及儲存物件位置的完整配置規劃。港口及物流中心對風電組裝及運輸工作進行安排，以便快速、有效及安全執行任務，並以最低成本完成工作。

　　港口最好接近風電機組的物件生產地，由於海上風電機組遠大於陸上風電機組規模，大部分會在鄰近港口區域進行風電機組的生產工作。理想的港口是一個能提供製造及大塊土地組裝的深水貿易港，並方便船邊短程運輸將機組裝卸至運輸船上。

　　由於離岸風電機組的安裝需把握海上天氣狀況，港區的零件組裝及運輸裝卸需大量陸上空間，因此港口進出口需要離碼頭較近、航道寬度及深度要符合運輸安裝船方便進出港作業需求。

　　理想的港口需有深水碼頭可以容納運輸船（滿載可達水深 9 公尺），安裝船可以在水深 6 公尺或更深碼頭，為了使風電機組安裝船在碼頭能安全頂升，在水下應有一堅固的海床，使裝卸工作能順利及安全進行。

　　碼頭區域需有一個堅固表層，表面承載力夠大，重型拖車（Self-Propelled Modular Trailer, SPMT）及貨載才能安全作業，避免組件被損壞的機率。不管碼頭表面層是瀝青或混凝土，都要避免破碎造成風電機組件的表面保護塗裝被破壞。

　　為了在存放、預為組裝或裝載期間不必長距離運輸，港口應有一良好儲放區域，與碼頭前線作業區域相連，並能夠存放足夠數量組件。

　　我國現況以臺中港為離岸風力發電產業的主要港口，臺北、安平作為工作船運維的備用港口。

圖 13　臺中港離岸風電整體規劃 [4]

　　為配合為行政院推動離岸風電於民國 114 年達 5.5GW 裝置容量之目標，臺中港離岸風電產業專區規劃如下：

1. 碼頭及預組裝區

(1) 第 1 組裝區：#5A、#5B 重件碼頭 2 座暨 #5A、#5B、#4C 碼

4　臺中港離岸風電整體規劃。

　https://tc.twport.com.tw/chinese/cp.aspx?n=E0A2303AE8AAB051

頭後線相關土地約 12.8 公頃；

(2)第 2 組裝區：#2 重件碼頭暨 #2、#4B 碼頭後線相關土地約 7 公頃；

(3)第 3 組裝預備區：#36 碼頭暨後線相關土地約 25 公頃。

2. 國產化製造產業專區

#106 號重件碼頭及碼頭後線（6.9 公頃）暨工業專業區（II）土地約 111 公頃。

3. GWO 訓練中心——臺灣風能訓練股份有限公司

臺灣港務股份有限公司積極邀請國內外離岸風電相關業者成為合作夥伴，共同合作在臺中港籌設 GWO 訓練中心，並於 107 年 5 月 17 日於海運發展學院正式揭牌成立「臺灣風能訓練股份有限公司」，訓練中心將可在 2019 年年初開始營運，目前規劃訓練項目有：海工人員訓練、客製化訓練、GWO 基礎安全訓練及認證。

 延伸討論

1. 海上風電產業鏈，港口可扮演那些後勤物流角色，試分析說明。

2. 海上風電設備探測、安裝、運維作業，涉及那些主管機關（構）及注意事項，試討論。

3. 海上風電的運輸裝卸及作業安全事項，試討論有那些國際上的規範可資借鏡。

4. 臺灣海峽海上氣候多夏季颱風及冬天季風，對海上風電作業安全，公司部門各應有那些準備工作，試討論說明。

有用的網路資源

1. Global Wind Organization, GWO

http://www.globalwindsafety.org/

2. CTV｜Offshore Wind

https://www.offshorewind.biz/tag/ctv/

3. SOV｜Offshore Wind

https://www.offshorewind.biz/tag/sov/

4. Port of Rotterdam attracts offshore wind

https://www.portofrotterdam.com/en/news-and-press-releases/port-of-rotterdam-attracts-offshore-wind

5. Wind Europe

https://windeurope.org/about-us/new-identity/?ref=ewea-mainbanner

6. Port and Infrastructure Analysis for Offshore Wind Energy Development

http://files.masscec.com/research/OffshoreWindPortInfrastructureAnalysis.pdf

7. 〈走訪離岸風電大國〉颱風如何影響風場？沃旭將引雙雷達系統來台研究

https://news.cnyes.com/news/id/4096160?exp=b

8. 〈走訪離岸風電大國〉直擊上緯示範風機誕生地探風機葉片生產秘密

   https://news.cnyes.com/news/id/4098157?exp=b

9. 〈走訪離岸風電大國〉從海上維運住宿平台看未來將守望彰化外海風場與技師的運維作業船

   https://news.cnyes.com/news/id/4099174

10. 中國海上風電網

   http://www.offshorewind.cn/

11. 台灣發展離岸風電開發　這家公司當起最大房東

   https://www.cmmedia.com.tw/home/articles/10712

12. 海上風電開發建設管理暫行辦法實施細則

   http://big5.huaxia.com/hxhy/hyfg/2011/10/2621202.html

13. 臺灣港務港勤股份有限公司

   https://www.tipcmarine.com.tw/chinese/

14. 風力發電單一服務窗口－風力發電4年推動計畫

   https://www.twtpo.org.tw/index.aspx

15. 離岸風電知識網

   http://www.nepii.tw/KM/OWE/index.html

澎湖港龍門尖山碼頭區

 夏日的微風、冬天的季風，這是小島上的四季風情，由商港出發再延伸至海峽對岸或澎湖各離島，乘風迎浪環視海面，那是撒落在臺灣海峽的一串珍珠。

〜〜飄洋過海來看你〜〜

書後語

　　這是「港埠輕鬆讀」系列的第三本港口入門書籍，前兩本已由五南圖書出版的書籍分別爲「港口管理入門」、「港口物流入門」，原始撰寫出版的發想是參考國外有關海洋與航港的科普書籍、期刊與機關（構）網站資料，由基本概念與較常聽聞的名詞介紹開始，並輔以圖表及簡易的文字說明，以增進讀者的閱讀興趣，並摘要介紹國內外港口的相關發展訊息。

　　本書構想可供大專企管、航運、物流、交通運輸及國際貿易等科系的輔助教學使用，也希望提供一般民眾有了解商港的運作及對民生

經濟影響的管道，畢竟臺灣四面環海，國際客貨運輸極大部分是依賴港口與海上運輸來完成，而港口相關產業也提供各類具有工程、管理及語文專長人員的就業機會。

臺灣各商港地理位置位於遠東至歐洲、越太平洋航線的主要國際貿易運輸航線，也曾是東北亞與東南亞區域的主要貨物集中與分散的轉運樞紐，在面對新興的中國大陸與東協（Association of Southeast Asian Nations, ASEAN）國家港口競爭，現在討論港口的營運優勢除了地理位置，加上費率及效率改善已顯不足，未來新世代港口規劃、經營、管理、安全及環保等相關國際發展趨勢議題，都需要港航各界有心人士更深入的研究探討及預擬因應策略。

臺灣的各國際商港在政府組織再造過程中，已於民國 101 年 3 月 1 日由交通部所屬執行公權力的港務局（Port Authority），整合為單一國營港務公司（State-operated Port Corporation）專責進行商業營運，不論是對國外港口的投資、國內的多角化經營，其目標都力求永續經營並提升港口的營運績效（如客、貨運、新事業開發、資產活化運用等），這都需要各類專業新血加入港口發展的行列。

商港的發展與國際航運、經濟景氣、在地的產業特性息息相關，另外要面對國際公約的管理要求、上級對港口企業督導績效壓力、利害關係人的期盼，港口發展及營運是百年大計，透過更多的研討對共識的凝聚將更顯重要。

　　港口四時變化的景色正展現多元的風貌，就如同現在的臺灣商港在組織體制與營運績效，正在蛻變新生，希望本書能讓讀者「輕鬆讀」，吸引更多人關心、支持及加入港口營運與建設發展行列。

張雅富

2018 年冬於高雄港

國家圖書館出版品預行編目資料

港口專題研討入門／張雅富著. -- 初版. --

臺北市：五南, 2019.01
面；　公分
ISBN 978-957-763-183-1 (平裝)

1.港埠管理　2.物流管理

557.43　　　　　　　　　107020684

5I46

港口專題研討入門

作　　者 ─ 張雅富 (214.5)

發 行 人 ─ 楊榮川

總 經 理 ─ 楊士清

主　　編 ─ 王正華

責任編輯 ─ 許子萱

封面設計 ─ 鄭云淨

出 版 者 ─ 五南圖書出版股份有限公司

地　　址：106台北市大安區和平東路二段339號4樓

電　　話：(02)2705-5066　　傳　　真：(02)2706-6100

網　　址：http://www.wunan.com.tw

電子郵件：wunan@wunan.com.tw

劃撥帳號：01068953

戶　　名：五南圖書出版股份有限公司

法律顧問　林勝安律師事務所　林勝安律師

出版日期　2019年1月初版一刷

定　　價　新臺幣420元